Walter Wittmann **Staatsbankrott**

Walter Wittmann

Staatsbankrott

Warum Länder pleite gehen – Wie es dazu kommt – Weshalb uns das was angeht

orell füssli Verlag AG

Umschlagabbildung: ©artpartner-images/gettyimages
Umschlaggestaltung: Andreas Zollinger, Zürich
Druck: fgb • freiburger graphische betriebe, Freiburg

ISBN 978-3-280-05374-4

Bibliografische Information der Deutschen Nationalbibliothek: Die Deutsche Nationalbibliothek verzeichnet diese Publikation in der Deutschen Nationalbibliografie; detaillierte bibliografische Daten sind im Internet über http://dnb.d-nb.de abrufbar.

Inhalt

Vorwort 9

1 Ein Gespenst geht um 11

2 Eine kurze Geschichte vom Staatsbankrott 19
2.1 Von den Griechen … 20
2.2 … zu den Römern 22
2.3 Vom Mittelalter … 25
2.4 … in die Neuzeit 27
2.5 Vom Absolutismus … 29
2.6 … zum Liberalismus 31
2.7 Erster Weltkrieg 35
2.8 Zwischen den Weltkriegen 37
2.9 Zweiter Weltkrieg 39
2.10 Die Nachkriegszeit 40
2.11 Schuldenkrise der 1980er-Jahre 42
2.12 Schuldenkrise der 1990er-Jahre 45

3 Quintessenz der Geschichte 49
3.1 Kriege 49
3.2 Auslandsschulden 50
3.3 Wirtschaftskrisen 52
3.4 Grenzen des Steuerstaates 55

3.5 Organisierte Verantwortungslosigkeit 56
3.6 Zuflucht zur Notenpresse 60
3.7 Inflation 62
3.8 Währungsreform 65

4 Grenzen der Verschuldung 69
4.1 Verfassungsrechtliche Grenzen 71
4.2 Frühindikatoren 73
4.3 Grenzen in der Umverteilung 75
4.4 Situationsbedingte Grenzen 78
4.5 Grenzen in der Kreditfähigkeit 80
4.6 «Grenzverschiebungen» 82
4.7 Grenzen im Brutto-Sozialprodukt 84
4.8 Grenzen im Schuldendienst 85

5 Schulden heute 89
5.1 Staatsschulden 91
5.2 Private Unternehmen 99
5.3 Private Haushalte 101
5.4 Die Sozialversicherung 104
5.5 Bilanz 107

6 Das Sanierungsprogramm 113
6.1 Abkoppelung der Sozialversicherungen 114
6.1.1 Die Rentenversicherung 116
6.1.2 Die betriebliche Vorsorge 120
6.1.3 Die Arbeitslosenversicherung 122
6.2 Das Gesundheitswesen 124
6.3 Die öffentlichen Haushalte 128
6.3.1 Aufgabenverteilung im Staat 129

6.3.2 Abbau von Subventionen 131
6.3.3 Der öffentliche Dienst 134
6.3.4 Wer kann, bezahlt selbst 136
6.3.5 Reform des Steuersystems 137
6.4 Chancen von Reformen 144

7 Der Countdown läuft 149
7.1 Das «Alles wird gut»-Szenario 149
7.2 Das realistische Szenario 153
7.3 Japan 160
7.3 USA und der Dollar 162
7.4 EU-Länder 165
7.5 Die Zukunft des Euros 168
7.6 Deutschland 173

8 Frühjahr 2010 179

9 Konsequenzen für Anleger 183

10 Literatur 189

Vorwort

Im Laufe der Finanz-und Wirtschaftskrise der letzten Jahre mussten Notenbanken und Staaten massiv einspringen, um den Kollaps des Finanzsystems abzuwenden. Dabei kam es zu einer ungeheuren Expansion der öffentlichen Schulden. Der drohende Staatsbankrott hat publizistisch Hochkonjunktur. Man malte bereits das Gespenst der (nächsten) Währungsreform an die Wand.

Das erklärte Ziel des vorliegenden Buches ist, das Phänomen des Staatsbankrottes aus historischer Perspektive objektiv zu analysieren. Daraus wird abgeleitet, wie es weitergehen könnte. Diese Analyse wird durch Vorschläge für ein umfassendes Sanierungsprogramm aus finanzwissenschaftlicher Sicht ergänzt. Die Zukunft wird zeigen, ob dazu der politische Wille aufgebracht wird, um das Schlimmste abzuwenden. Gegenwärtig läuft der Countdown allerdings weiter in Richtung Staatsbankrotte. Auch Währungsreformen sind nicht (mehr) auszuschließen. Davon ist zwar jedermann betroffen, dominant werden es aber die Anleger zu spüren bekommen. Daher werden einige Vorschläge erarbeitet, wie sie sich davor weitgehend durch eine vorsorgliche Anlagepolitik schützen können.

Zum Abschluss ist Dank angesagt, und zwar besonders an Dr. Jens Erhardt, Herausgeber der «Finanzwoche» in München. Von ihm habe ich alle gewünschten Daten zur Staatsverschuldung erhalten. Für die Verwendung bin ich allerdings selbst verantwortlich. Die «Finanzwoche» hat mich unentgeltlich «beliefert». Daher wird ihr am Ende des Buches die Möglichkeit eingeräumt, sich selbst vorzustellen.

Bad Ragaz, im Mai 2010

1 Ein Gespenst geht um

Je mehr die Finanzkrise ab Frühjahr 2007 eskalierte, desto mehr sahen sich Staaten und Zentralbanken gezwungen, massiv zu intervenieren, um den Kollaps des globalen Finanzsystems abzuwenden. Als die Finanzkrise in eine Schuldenkrise ausartete und durch eine schwere Rezession verschlimmert wurde, konnte es nicht ausbleiben: Ab Anfang 2009 machte das Gespenst «Staatsbankrott» die Runde, sowohl in breiten, besorgten Bevölkerungskreisen als auch in den Massenmedien und darüber hinaus selbst bei renommierten Ökonomen.

Wenn die öffentlichen Haushalte außer Kontrolle geraten und die Budgetdefizite eskalieren, ist es nicht verwunderlich, dass die Frage nach der Zahlungsfähigkeit des Staates gestellt wird. Aus der Geschichte wissen wir, dass Staaten in extremen Situationen Zuflucht zur Zentralbank nehmen und von ihr verlangen, die Notenpresse anlaufen zu lassen. Die Zentralbank wird zum «Retter in der Not» *(Lender of Last Resort)*. Diese Rolle kann sie aber nicht grenzenlos spielen. Es kommt sonst zur Hyperinflation und schließlich zu einer «Währungsreform». In dieser Beziehung ist man besonders in Deutschland sensibilisiert, denn dort erlebte man 1923 und 1948 Währungsreformen mit entsprechenden (Total-)Verlusten.

Die Sorgen um den Staatsbankrott und eine Währungsreform sind also nicht aus der Luft gegriffen, sie haben einen realen Hintergrund. Um das verständlich zu machen, ist es notwendig und nützlich, eine Reihe von Ereignissen zu skizzieren, die sich ab 2007 abgespielt haben.

Ab Frühjahr 2007 gerieten vor allem in den USA nicht nur Hypothekarbanken, sondern auch andere Banken und Versicherungen unter existenziellen Druck. Sie waren mit hochriskanten Geschäften in Schieflage geraten. Um (schwere) Pleiten mit Kettenreaktionen zu vermeiden, sprang vor allem die US-Notenbank (FED) massiv ein. Sie gewährte ohne Zögern in nahezu beliebigem Ausmaß (Finanz-)Hilfe. Dabei erklärte sie, auch künftig nicht zu kneifen. Darüber hinaus drehte sie den Geldhahn weit auf und überflutete die Wirtschaft mit reichlicher Liquidität – Kredite konnten bei Bedarf fast beliebig verlängert werden. Als «Sicherheit» war das FED bereit, alles zu akzeptieren, was die Banken zu bieten hatten, und dazu gehörten ausdrücklich auch notleidende Hypotheken. Man ging dazu über, alles entgegenzunehmen, was auch nur entfernt als Eigentumszertifikat aussah; dazu gehörten auch «Schrottpapiere» aller Art. Es dauerte daher nicht lange, bis das FED zum größten Hedgefonds der Welt aufstieg.

Ab August 2007 sprangen auch andere Zentralbanken ein, so die Europäische Zentralbank (EZB) und die Bank of England. Es folgten weltweit zahlreiche andere Zentralbanken. Auch ihnen blieb wie dem FED nichts anderes übrig, als bei erschöpften Währungsreserven die Notenpresse anlaufen zu lassen. Das war der Anfang einer unheilvollen Entwicklung, deren Ausgang nicht abzusehen ist. Es ist daher nur verständlich, dass man sich zunehmend Sorgen über die Auswirkungen einer anhaltend aufgeblähten Geldmenge machte. Breite Bevölkerungskreise hatten nun Grund, sich mit der Frage zu beschäftigen: «Was wird aus unserem Geld, unserem Wohlstand?»

Im Jahre 2008 eskalierte die Finanzkrise. Nun sahen sich zahlreiche Staaten – zusätzlich zu den Zentralbanken – gezwungen, in historischem Ausmaß einzuspringen. Zum einen gaben sie umfassende Garantien für Spareinlagen, Bankkredite und notleidende private Unternehmen ab. Hier handelt es sich zunächst erst einmal um *potenzielle* Neuschulden. Tritt der Ernstfall (also Konkurs und damit Forderungsverlust) ein, so verwandeln sie sich in tatsächliche Schulden, denn der Staat verfügt nicht über die erforderlichen Reserven; er muss sich in vollem Umfang zusätzlich verschulden.

Zum anderen erwiesen sich Kapitalspritzen vor allem für Banken als unausweichlich. Hier ging es vor allem um die Stärkung ihres Eigenkapitals, nachdem dieses aufgrund von Verlusten durch «Schrottpapiere» bedrohlich eingebrochen war. Es geht nicht nur um private, sondern auch um öffentliche Banken, die sich entscheidend verspekuliert hatten.

Und schließlich fing die öffentliche Hand an, «toxische Papiere» aufzukaufen, um die Banken zu entlasten. Vereinzelt richteten Staaten sogar eine *Bad Bank* ein: Auch das wurde mit Schulden finanziert.

Als die Finanzkrise 2008 auf die reale Wirtschaft übergriff und eine schwere Rezession sich abzeichnete, wurde die «Schuldenschleuse» weiter geöffnet. Jetzt kamen ab 2008 gigantische Programme zur Ankurbelung der Wirtschaft zum Zuge. Hier ragten China, die USA und die großen EU-Länder heraus.

Allein in den USA waren es 8000 Milliarden Dollar. Es folgten Deutschland mit 1890 Milliarden Euro, Großbritannien mit 1730 Milliarden, Frankreich mit 1330 Milliarden, Italien mit 937 Milliarden und Spanien mit 741 Milliarden. Dabei vollzog sich eine entsprechende Verlagerung von Schulden aus dem privaten in den öffentlichen Sektor. Schulden wurden sozialisiert, entsprechend schossen die öffentlichen Schulden besorgniserregend in die Höhe. 2009 ging es in ähnlichem Stil weiter. Am 13. Februar verabschiedeten die USA das größte Konjunkturpaket seit dem «New Deal» der 1930er-Jahre, nämlich rund 790 Milliarden Dollar. Aufsehen erregte eine Prognose des «Budget Office», wonach in den USA in den kommenden Jahren mit einem jährlichen Budgetdefizit von über 1000 Milliarden zu rechnen sei.

Zum ersten (Quasi-)Staatsbankrott kam es in Island. Die dortige Währung wurde von Spekulanten in die Höhe getrieben, bis die Spekulationsblase platzte. Die isländische Krone brach massiv ein. Das konnten die dortigen Banken nicht verkraften. Um ihren Zusammenbruch zu vermeiden, wurden sie alle am 8. Oktober 2008 verstaatlicht. Doch damit war der Staat überfordert, und er geriet an den Rand der Zahlungsunfähigkeit. Zur Abwendung der Staatspleite sprang der Internationale Währungsfonds (IMF) ein. Er gewährte seine Hilfe, wie sonst auch, in Verbindung mit drastischen Auflagen zur Sanierung des öffentlichen Haushaltes. Island blieb nicht ein Einzelfall. Es folgten unter anderem Ungarn, die Ukraine und Lettland. Auch hier sprang der IMF ein, später auch in Pakistan und sogar in Serbien.

Mit der Beinahe-Pleite einer Reihe von europäischen Ländern war das Gespenst des Staatsbankrotts nicht mehr aufzuhalten. Von den Massenmedien angeheizt, griff die Sorge um eine ökonomische Katastrophe auf eine breite Öffentlichkeit über. Dabei kam die brennende Frage auf, wer demnächst an der Reihe sein könnte. In einer ersten Runde sah man Irland, Italien und Griechenland. Sie bekundeten größte Mühe, sich am Kapitalmarkt mit Krediten zu versorgen. Da es sich um Mitglieder der EU mit dem Euro als Währung handelt, war es nicht überraschend, dass man sich Sorgen um die Eurozone und den Zusammenhalt der EU machte. Was würde passieren, wenn ein oder gar mehrere Länder ausstiegen? Die entsprechenden Szenarien waren alles andere als dazu angetan, die Euroländer zu beruhigen. Vor allem in Deutschland kursierte die Schlagzeile: «Was wird aus unserem Geld?»

Doch was auch immer geschehen mag: Es gibt zumindest eine Absicherung. Nach Art. 103 des EG-Vertrages darf kein EU-Land für die Schulden eines anderen Mitgliedes «haftbar» gemacht werden: Jedes EU-Land muss selbst – und allein – dafür geradestehen. Trotzdem kamen Zweifel auf, ob man sich im Ernstfall daran halten werde. Davor fürchten sich selbstverständlich jene Länder, die Netto-Beitragszahler in die EU-Kasse sind, vor allem natürlich Deutschland.

In den IMF werden große Hoffnungen gesetzt: Man traut ihm zu, stets Feuerwehr» spielen zu können, wenn Staaten von der Zahlungsunfähigkeit bedroht sind.

Dabei wird übersehen, dass auch der IMF an Grenzen stoßen kann, denn die Mitgliedstaaten liegen mit ihren Beitragszahlungen zurück. Er verfügt längst nicht mehr über ausreichende Finanzmittel, um wunschgemäß tätig zu werden. So war der IMF schon Anfang von 2009 auf einen Kredit aus Japan über 100 Milliarden Dollar angewiesen.

Bis im Frühjahr 2009 hatte der IMF im Rahmen von «Stand-by-Abkommen» rund 50 Milliarden Dollar an Hilfe zugesagt. Daher erwies es sich als notwendig, zusätzliche Finanzmittel zu beschaffen. Man ging von einem Betrag zwischen 250 und 500 Milliarden Dollar aus.

Die G20-Länder (ein informeller Zusammenschluss aus 19 Staaten und der Europäischen Union) anerkannten die Dringlichkeit einer entsprechenden Aufstockung. Um dieses Ziel zu erreichen, müssten die Mitgliedstaaten, von China abgesehen, sich entsprechend zusätzlich verschulden.

Es dauerte nicht mehr lange, bis man im Juni 2009 aus der Presse erfuhr, dass der IMF neue Wege der Finanzierung einschlagen werde. Er hat vor, selbst Geld am Kapitalmarkt aufzunehmen und entsprechend Anleihen zu emittieren. Diese werden selbstverständlich mit einem Triple-A (AAA), der besten Bonitätsbeurteilung der großen Rating-Agenturen, ausgestattet sein, was sie entsprechend attraktiv auch für institutionelle Anleger macht. Je mehr der IMF sich aber verschulden kann, desto «großzügiger» wird er einspringen müssen, um auch größere Länder vom Staatsbankrott zu retten. Im Zuge dieser Entwicklung läuft der IMF Gefahr, selbst zahlungsunfähig zu werden. Er kann dann nur noch dadurch funktionsfähig bleiben, wenn die großen Mitgliedstaaten ihn mit Hilfe ihrer Notenpresse unterstützen. Entsprechend wird das Vertrauen in den IMF schwinden. Das aber hätte verheerende Auswirkungen. Er fiele dann als stabilisierender Faktor bei drohenden Bankrotten einzelner Staaten aus.

Im Juli 2009 kam eine Hiobsbotschaft aus Kalifornien. Die Zahlungsunfähigkeit dieses Teilstaats der USA war eingetreten, bezahlt wurde hinfort (parziell) mit Schuldscheinen, die erst ab 1. Oktober 2009 einlösbar waren. Kalifornien lebte schon lange über seinen finanziellen Möglichkeiten auf Pump. Daher kam letztlich, was nicht ausbleiben konnte: die faktische Pleite. Schuld daran ist nicht zuletzt die dortige direkte Demokratie. Mit Volksabstimmungen kann das torpediert werden, was der Gouverneur und das Parlament an Sanierungsmaßnahmen vorhaben.

Mit der Quasi-Pleite von Kalifornien wurde schlagartig sichtbar, dass in den USA die Gliedstaaten und die Gemeinden noch mehr verschuldet sind als der Bund (Washington). Die Gesamtverschuldung beträgt rund 100 Prozent des BIP. Davon entfallen 2008 grob zwei Drittel nicht auf den Bund. Zahlreiche Bundesstaaten und Gemeinden stehen unter massivem finanziellen Druck. Daher stellt sich auch hier die Frage, was geschieht, wenn die Zahlungsunfähigkeit eintritt. Die Antwort lautet unmissverständlich: Der amerikanische (Zentral-)Staat wird vor allem die großen Teilstaaten nicht fallen lassen können, denn sie sind «too big to fail». Das ist eine implizite Garantie für entsprechende Schulden, was die weitere Kreditaufnahme erleichtert.

Es ist daher nur realistisch, davon auszugehen, dass die Finanzen der Bundesstaaten und insbesondere von Mammut-Gemeinden (zum Beispiel New York City) außer Kontrolle geraten werden. Da die Zentralregierung nicht über die erforderlichen Mittel selbst verfügt, wird das FED mit der Notenpresse einspringen. Im Laufe der Finanzkrise hat die Neuverschuldung in Friedenszeiten ein historisches Ausmaß angenommen. Für die Länder der Eurozone gilt eine Obergrenze von 3 Prozent am Bundesinlandsprodukt (BIP). Sie wurde in nahezu allen Staaten überschritten, in manchen Ländern sogar ohne staatliche Konjunkturprogramme, Hilfe für Banken oder Garantien für Spareinlagen. In Frankreich liegt die Neuverschuldung inzwischen bei 6,5 Prozent vom BIP. In den meisten anderen Ländern liegt die Neuverschuldung weit höher, manchmal, wie in Italien, sogar jenseits von 10 Prozent. Großbritannien war 2009 auf dem Wege zu einem Budgetdefizit von 12 Prozent am BIP.

Die Neuverschuldung hat auch außerhalb der Eurozone Rekordmarken erreicht. So unter anderem in den baltischen Staaten, in Schweden, Polen, Ungarn und selbst in der Schweiz. Hier musste der Bund zusammen mit der Nationalbank im Oktober 2008 der UBS kräftig unter die Arme greifen, um sie vor der Pleite zu bewahren. Nicht besser dran sind die USA mit einer atemberaubenden Neuverschuldung. Gemäß «Finanzwoche» (15.7.2009) wurden im Mai und Juni jeweils Anleihen im Ausmaß von je 60 Milliarden Dollar platziert. Es zeichnete sich ab, dass daraus bald einmal 100 Milliarden nicht pro Monat, sondern pro Woche werden könnten.

In der Regel stehen nur die Schulden und ihr Zuwachs bei den öffentlichen Haushalten im Mittelpunkt des Interesses. Dabei handelt sich aber nur um einen Teilbereich einer komplexen Problematik. Zu berücksichtigen sind auch andere Bereiche: die ungedeckten Zusagen der Rentenversicherungen und der Pensionskassen, die Schulden der Konsumenten, Hypotheken zu Lasten von Immobilien aller Art und Schulden von privaten Unternehmen, und hier nicht nur aus der Finanzbranche (Banken und Versicherungen). Sie sind allesamt mehr oder weniger durch die Finanzkrise und die daraus hervorgegangene Wirtschaftskrise schwer unter Druck geraten. Es handelt sich nicht nur um ein kurz-, sondern um ein langfristiges Problem mit entsprechenden Auswirkungen. Man muss daher den Eindruck gewinnen, die Schuldenwirtschaft, das «Leben auf Pump», sei in eine kritische Phase eingetreten. Es ist daher notwendig und nützlich, sich mit dem Gespenst vom Staatsbankrott zu befassen und sich mit Auswegen aus dieser ökonomischen Sackgasse zu beschäftigen.

2 Eine kurze Geschichte vom Staatsbankrott

Bankrotte sind nicht neu, sie sind fast so alt wie die Menschheit. Es lohnt sich daher, einen kurzen Blick in die Vergangenheit zu werfen, um dabei «Gesetzmäßigkeiten» aufzudecken.

Bereits vor den Griechen und Römern, im vorklassischen Altertum, gab es schon eine Art von Staatswirtschaft. Sie finanzierte sich über Naturalien, Geschenke und Opfer. Zugleich waren die Menschen sowohl unter ägyptischen als auch persischen Königen zu persönlichen Dienstleistungen verpflichtet. Eine wichtige Rolle spielten schon damals Edelmetalle, die in «Schatzhäusern» eingelagert wurden. Der Staatsbedarf bestand im Wesentlichen aus der Bezahlung von Beamten und Kriegern. Eine herausragende – externe – Finanzierungsquelle waren fremde Völker, die erobert, unterworfen und ausgebeutet wurden. Von ihnen verlangte man Steuern, Zölle und Tribute. Je mehr die Bürokratie expandierte und Eroberungskriege zu finanzieren waren, desto rascher näherte sich das Ende einer Herrschaft. Gingen Kriege verloren, so war es aus mit der staatlichen Eigenständigkeit. Nun wurde man selbst von den Siegern ausgebeutet. Der Staat ging zuerst finanziell und danach existenziell bankrott.

2.1 Von den Griechen ...

Das antike Griechenland zeichnet sich durch eine Reihe von Innovationen im Geld- und Finanzwesen aus. Im Zeitalter von «Demokratie und Oligarchie» setzte sich ab dem sechsten Jahrhundert vor Christus das Münzwesen durch. Das Prägen von Münzen entwickelte sich zu einer wichtigen Quelle der Finanzierung des Staates. Beim Verkauf von Waren wurden indirekte Steuern, Marktgebühren und Zölle erhoben. Bei den direkten Steuern herrschte Freiheit für die Bürger, nicht aber für Nicht-Bürger und Fremde. In Notlagen wurden Steuern vom Vermögen eingetrieben. Obwohl sich eine Art von Steuerstaat herausgebildet hatte, zog der Staat weiterhin seine Bürger zu persönlichen, nicht bezahlten Gratisleistungen heran.

Zumindest während der Blütezeit griechischer Städte (etwa um 500–336 v. Chr.) spielte der öffentliche Kredit (also Schuldenbildung durch den Staat) keine bedeutende Rolle, weil andere Quellen reichlich flossen. Zudem verfügte man über einen erheblichen Vorrat an Mitteln, den «Staatsschatz», um Schwankungen bei den Einnahmen auszugleichen. Damals war der Staat als übermächtiger Vertragspartner mehr ein gefürchteter und gemiedener als ein gesuchter Schuldner (K. Häuser), und zwar unabhängig davon, ob die Bedienung der Schulden von den Launen der Tyrannen oder wechselnden Mehrheiten in Volksversammlungen abhing.

Eine andere Innovation war die Einführung der Steuerpacht. Dabei wurde es üblich, dem Staat geschuldete Steuern und Naturalabgaben zu versteigern und an den Meistbietenden zu übertragen. Das geschah zum einen aus Bequemlichkeit, zum anderen aus politischer Opportunität. Das Eintreiben von Steuern war schon damals unpopulär, der Staat delegierte so ein «verhasstes» Geschäft. Wut und Zorn entluden sich bei den Steuerpächtern, die beim Eintreiben nicht gerade zimperlich vorgingen.

Wie in der gesamten antiken Welt spielten Tribute auch bei den Griechen eine bedeutende Rolle. Sie wurden von den unterworfenen Herrschern und Völkern geleistet. Erobern und Tribute verlangen konnte nur ein mächtiger Staat. Dazu war er auf eine schlagkräftige Armee angewiesen, die sich auf Verbündete und Tribute stützte. Bei den Ausgaben dominierten die Militärausgaben. Dazu kamen monumentale (unproduktive) Kultbauten. Zugleich verfügte der Staat über eine umfangreiche und gut bezahlte Bürokratie. Je mehr er an finanzieller Leistungsfähigkeit gewann, desto rascher erlag er der Versuchung, seinen Bürgern Gratisleistungen zu gewähren. So entstand in demokratischen Perioden unter dem Einfluss von Demagogen ein ausgeprägter Wohlfahrtsstaat.

Bürokratie, Kriege und Wohlfahrt bildeten stets den Auftakt für den wirtschaftlichen Niedergang. Besiegelt wurde er in der Regel durch verlorene Kriege. Nun fielen die Tributzahlungen befreiter Völker und besiegter Verbündeter aus. Dazu kam es auch aufgrund erschöpfter menschlicher und finanzieller Reserven. Das eindrucksvollste Beispiel der Antike ist das Ende des fast dreißig Jahre währenden Peloponnesischen Krieges um 404 v. Chr. Er läutet auch das Ende des «Perikleischen Zeitalters» ein, als sich die von Perikles geführte Regionalmacht Athen verschätzte und, von Sparta besiegt, ihre Eigenständigkeit verlor.

2.2 … zu den Römern

Das Römische Reich (so weit es allein von Rom aus regiert wurde) dauerte rund tausend Jahre. In den ersten vier Jahrhunderten war es kaum vom antiken Griechenland beeinflusst. Doch in der imperialen Zeit setzten sich «griechische Verhältnisse» durch, so herausragend in der Staatswirtschaft, «… die bis in die Details sowohl an die griechischen Stadtstaaten als auch an die nach Alexander entstehenden hellenistischen Reiche erinnerte» (K. Häuser).

Während der republikanischen Periode wurden römische Bürger zu persönlichen Dienstleistungen verpflichtet. Zur Erfüllung ihrer Pflichten mussten sie außerdem Naturalleistungen erbringen, zum Beispiel Ausrüstungen, Waffen oder Pferde. Direkte Steuern mutete man nur den unterworfenen oder abhängigen Gebieten zu. Die Bürger Roms mussten aber in Notzeiten Vermögensabgaben leisten. Die naturalwirtschaftliche Epoche ging mit der Eroberung griechischer Siedlungen in Süditalien im dritten Jahrhundert v. Chr. allmählich zu Ende. Dort blühte nämlich das Münzwesen, das sich, von Rom übernommen, rasch zum Wohle des Handels auswirkte. Daneben hatten die erfolgreichen Kriege gewaltige Sklavenheere in die Herrschaft Roms gebracht, die einen kriegerischen Stadtstaat mit einfacher Subsidenzwirtschaft zu einem Imperium mit umfangreicher Latifundienbewirtschaftung durch Skalven werden ließen.

Mit dem Aufstieg zur Weltmacht ging Rom dazu über, Söldnerheere aufzustellen. Es entstand eine reine Berufsarmee. Damit stieß der Finanzbedarf in neue Dimensionen vor. Um diesen zu befriedigen, handelte Rom nach der Devise: «Wehe den Besiegten.» Die Soldaten machten Kriegsbeute, und ihnen wurde Land zugeteilt. Die permanente Finanzierungsquelle waren aber Tribute, die unterworfenen Städte und Reiche wurden zu regelmäßigen hohen Abgaben verpflichtet.

In der Zeit der Republik spielte die Verschuldung vorerst keine bedeutende Rolle. Der Staat setzte den Metallgehalt von Münzen herab, um so leichter zu Geld zu kommen. Dabei wich er zunehmend auf Kupfer aus und damit weg von den Edelmetallen. In Mode kamen auch Vorschüsse der Steuerpächter. Als auch das nicht ausreichte, griff man auf private Geldgeber zurück. Gegen Ende der Republik wurde die Verschuldung auf Heeresführer oder künftige Statthalter von Provinzen ausgedehnt.

Während der Kaiserzeit, die um 27 v. Chr. begann, wurde die Verwaltung zügig ausgebaut. Das führte zu einer anhaltenden Erhöhung der Staatsausgaben. Zugleich strömten immer mehr Menschen infolge der Erweiterung des Bürgerrechts nach Rom. Als Bauern hatten sie in der italischen Provinz gegen die weiträumigen Latifundien, die von Sklaven bewirtschaftet wurden, keine Chancen mehr, als Stadtbürger aber bekamen sie sogar das Getreide umsonst. So setzte sich die Forderung nach «Brot und Spielen» durch. Die Stadt sah sich mit kaum lösbaren Transport- und Versorgungsproblemen konfrontiert. Diese populäre Wohlfahrtspolitik wurde zunehmend kostspieliger. Man betrieb sie mit dem Argument, so könne man Unruhen vermeiden und das politische System stabilisieren. Doch auf Dauer erwies sich diese Politik als nicht finanzierbar.

Augustus (63 v. Chr.–14 n. Chr.) schöpfte die Steuerkraft des Reiches mit Hilfe von Steuerpächtern weitgehend aus. Die Einnahmen litten unter dem Privileg, über das die römischen Vollbürger verfügten: Sie zahlten nur beschränkt Steuern. Das wirkte sich angesichts einer rasch wachsenden Zahl von Bürgern verhängnisvoll aus. In der Folge führte man Erbschafts-, Sklaven-und Verkehrssteuern ein, die auch gegenüber den Bürgern erhoben wurden. Auf den Überland- und Handelsstrassen wurden Zölle erhoben. Eine wichtige Rolle spielten die verbesserte Münzprägung und die reichliche Versorgung der Bevölkerung mit Münzgeld. In dem Maße, wie die Silbervorräte knapper wurden, kam es zu einer fortschreitenden Verwässerung des Silbergehalts und damit zu einer inflationären Entwicklung.

Unter der Geldentwertung litten vor allem festbesoldete Personen wie Beamte und Soldaten. Diese «Systemträger» durfte man aber nicht vernachlässigen; ihren Interessen musste unbedingt Rechnung getragen werden. Das wurde aber zunehmend kostspieliger und war schließlich nicht mehr zu verkraften. Mit Kaiser Trajan (53–117) erreichte die Staatsökonomie, die sich durch Eroberungen und Tribute finanzieren konnte, ihre größte Ausdehnung. Sein Nachfolger Hadrian (76–138) fand sich bereits in der Situation der Besitzstandwahrung. Rom war an die Grenzen der Macht gestoßen. Die Kosten von Eroberungen begannen die Erträge zu übertreffen. Um 300 n. Chr. führte Kaiser Diokletian (240–316) Höchstpreise ein, um die inflationäre Entwicklung zu stoppen. Doch bereits damals konnte der Versuch, Wirtschaft durch Dekrete zu steuern, nicht funktionieren. Die Geldwirtschaft zerfiel, die Naturalwirtschaft setzte sich wieder durch. Der definitive Niedergang und schließlich Untergang des Römischen Reiches war nicht mehr aufzuhalten. Rom ging nach inneren Wirren und Besetzung durch wandernde Völker als politische Institution 476 endgültig unter; sein politischer Ableger Konstantinopel (Istanbul) hielt sich noch tausend Jahre länger.

2.3 Vom Mittelalter ...

Steuern als Geldleistungen spielten im Mittelalter kaum eine Rolle, es dominierte die Naturalwirtschaft. Zu den Ausnahmen gehörten Pauschalsteuern, die von Städten im Allgemeinen und von Reichsstädten im Besonderen an das Reich zu entrichten waren. Dabei handelte es sich um «Bittsteuern», die oftmals gar nicht oder reduziert eingetrieben wurden. Die diskriminierende «Judensteuer», die nur die jüdische Bevölkerung betraf, wurde meist pauschaliert von den Städten erhoben. Das Reich selbst hatte keine Steuerverwaltung. Eine Reichssteuer wurde zwar regelmäßig gefordert, konnte sich aber erst 1495 als «gemeiner Pfennig» durchsetzen.

Das Mittelalter ist vom Lehenwesen geprägt. Könige und Fürsten traten das vererbbare Recht der Nutzung von Sachen und Rechten an ihre Gefolgsleute, die Vasallen, ab. Als Gegenleistung mussten diese im Kriegsfall Truppen stellen und einen Teil des Ertrags der Lehensgüter abtreten. Reichten diese Naturaleinnahmen nicht aus, so wurde Eigentum veräußert. Das konnte aber nur vorübergehend helfen und war keine Dauerlösung zur Vermeidung von finanziellen Engpässen. Um Notzeiten zu überbrücken, wurde ein «Schatz» gebildet; er setzte sich nicht selten aus Juwelen zusammen. Man legte diese in Zeiten von Überschüssen an. Daneben hatten Juwelen den praktischen Vorteil, dass sie auch beliehen werden konnten. In Notzeiten erwies es sich aber als schwierig bis unmöglich, einen Schatz zu verkaufen.

Geld wurde vor allem aber über Anleihen beschafft. Damals herrschte allerdings das kirchliche Zinsverbot: Zinsen durften nicht auf verliehenes Geld erhoben werden. Es wirkte sich negativ auf das öffentliche Kreditwesen aus, das nur schwach ausgebildet war. Nachteilig war auch das mangelnde Vertrauen in den guten Willen von Königen und Fürsten, ihren finanziellen Verpflichtungen nachzukommen. Niemand konnte sie dazu zwingen, ihre Schulden zurückzuzahlen. «Zinsverbot und Misstrauen konnten aber die Geldnot nicht bannen und daher auch das Schuldenmachen nicht verhindern, sie haben es nur zu einer sehr kostspieligen Sache gemacht.» (Th. Mayer)

Ein herausragendes Element war das Rentenwesen. Um 1150 entstand die Rente oder «Gült», um so das kirchliche Zinsverbot zu umgehen. Kreditnehmer, wie zum Beispiel ein Fürst oder eine Stadt, verpflichteten sich zur Bezahlung einer Rente, häufig einer Leibrente. Als Sicherheit wurden Grundstücke verpfändet. In den Anfängen ging es um «ewige» Renten, vom 14. Jahrhundert an wurden sie kündbar und zurückzahlbar gestaltet. Damals gab es einen Kreditmarkt für den städtischen Rentenhandel. Rentenverkäufe und weitere Möglichkeiten verleiteten die Städte zu einer wachsenden Verschuldung. So machten die Ausgaben für den Schuldendienst gegen Ende des 14. Jahrhunderts zwischen einem Viertel und einem Drittel der Gesamtausgaben aus.

Der Kreditbedarf von Königen und Fürsten wurde bis ins späte Mittelalter durch nicht berufsmäßige Geldgeber befriedigt. Zu ihnen gehörten die großen Ritterorden, Klöster und Domverwaltungen. Dazu kamen Städte, die sich oft selbst verschuldeten, um Darlehen zu gewähren. Sie taten das in der Hoffnung, Hoheitsrechte wie «Zoll und Münze», ein eigenes Gericht oder ein Steuerrecht zu erhalten. Beamte betätigten sich als Kreditgeber, zunächst aus Loyalität, später, um die eigene Position zu stärken. Mit dem Aufkommen des Berufsbeamtentums gewannen die «Amtdarlehen» an Bedeutung, die bei Amtsantritt fällig wurden. Das führte zur Käuflichkeit von Ämtern und zur Vermehrung ihrer Zahl, weil die Fürsten auf diese Weise zu Mehreinnahmen kommen wollten.

Unter den berufsmäßigen Geldgebern und Kreditvermittlern ragen die Juden heraus. Sie unterstanden nicht dem Zinsverbot, waren aber für Könige und Fürsten tätig, denn sie misstrauten dem «Judenschutz». Ihre Kunden waren die weltlichen und geistlichen Landesherren.

Zu beachten sind auch die italienischen, hanseatischen und oberdeutschen Geldmächte (zum Beispiel die Fugger). Ihre Kreditgewährung war mit Privilegien, insbesondere im Warenhandel, verbunden. Daher stammt die enge Verbindung zwischen Warengroßhandel und Geldhandel. Die berufsmäßigen Geldgeber waren auf Gedeih und Verderb der Zahlungsfähigkeit und -willigkeit von Königen und Fürsten, den «großen Herren», ausgeliefert. Sie hafteten in vollem Umfang persönlich mit Hab und Gut gegenüber ihren Geschäftsfreunden und Kunden. Konnten oder wollten die «großen Herren» nicht bezahlen, so führte das zum Zusammenbruch jener, die Geld gegeben und Kredite vermittelt hatten. «Die Scali und die Francesi, die Bardi und die Peruzzi, die Fugger und die Welser haben mit dem Vermögen ihrer Geschäftsfreunde und Deponenten auch die eigenen Firmenkapitalien in Staatsbankrotten verloren.» (J. Landmann)

2.4 … in die Neuzeit

Der Beginn der Neuzeit wird unterschiedlich angesetzt. Für die einen beginnt sie 1492 mit der Entdeckung von Amerika.

Für die anderen, so in Deutschland, setzt die neue Zeit im 17. Jahrhundert mit einer politischen Katastrophe, dem Dreißigjährigen Krieg (1618–1648), ein. Damals fielen Städte und Landkreise auf das Niveau des frühen Mittelalters zurück. Mit dem Westfälischen Frieden von 1648 ging das Deutsche Reich faktisch unter, auch wenn es nominal noch bis 1805 existierte.

Im Mittelpunkt der kulturellen Strömung stand die Renaissance, deren Protagonisten, wie zum Beispiel Petrarca und Boccaccio, bereits im 14. Jahrhundert lebten. Zentrum der Renaissance war das Florenz des Lorenzo Medici. Italien stieg zur führenden Wirtschaftsmacht in Europa auf. Ab Ende des 15. Jahrhunderts setzten sich die Gedanken der Renaissance auch außerhalb von Italien durch: Die Ideale des klassischen Altertums lebten wieder auf. Die Menschen wandten sich von der geistigen Haltung des Mittelalters ab, die auf das Jenseits bezogen war, und dem Diesseits zu; sie öffneten sich dem Fortschritt. Dazu haben nicht zuletzt die Reformatoren, allen voran der französische Reformator Calvin (1509–1564), beigetragen. Er schuf die geistigen Grundlagen des Kapitalismus, indem er das bisherige religiöse Gebäude auf den Kopf stellte. Im Jenseits werden nicht mehr jene belohnt, die sich auf Erden passiv verhalten und leiden, sondern jene, die arbeiten, innovieren und zum Reichtum durch eigene Initiative gelangen, denn das so Geschaffene ist gottgefällig.

Die Finanzmächte der Renaissance konnten sich von den harten Schlägen, von denen sie in der zweiten Hälfte des 16. Jahrhunderts getroffen wurden, nicht mehr erholen. Damals folgte ein Staatsbankrott dem anderen. Allein «in den französischen, spanischen und portugiesischen Staatsbankrotten von 1557, 1560 und 1575 und infolge der Zahlungseinstellungen der niederländischen Rentmeister von 1557» hatten sie enorme Verluste erlitten (J. Landmann). Ihre Summe übertraf den Wert aller seit der Wahl von Kaiser Karl V. in der alten und neuen Welt geförderten Gold-und Silbermengen.

In England wurde (1627) die gängige Kreditaufnahme vorübergehend verboten. Als Ersatz dienten Zwangsanleihen. In Frankreich betätigten sich Steuereintreiber als Kreditgeber, indem sie Vorschüsse auf spätere Steuereinnahmen leisteten. Deutschland fiel sozusagen ins Mittelalter zurück. Neben Städten und Korporationen gewannen Klöster und Stifter wieder als Kreditgeber an Bedeutung. Zugleich kamen Zwangsanleihen wieder in Mode. Reiche Juden konnten ihre alte Position wieder zurückerobern; sie wurden «Hofjuden», die Financiers von Kaisern, Königen und Fürsten. Daneben traten der hohe Landadel, Beamte, Offiziere, darunter auch «Kriegsunternehmer», wie zum Beispiel Wallenstein, als Geldgeber auf.

2.5 Vom Absolutismus ...

Im Laufe des 17. und 18. Jahrhunderts stiegen die Landesherren in Deutschland, Frankreich, Österreich und Russland zu unbegrenzten, absolutistischen Herrschern auf. Sie holten Berater aller Art an ihre Höfe, die erheblichen Einfluss vor allem in finanzieller und ökonomischer Hinsicht gewannen. Daraus gingen erste Ansätze der (öffentlichen) Finanzwissenschaft hervor. Sie befasste sich systematisch unter anderem mit dem Auf- und Ausbau des Steuersystems, mit den produktiven Auswirkungen von Staatsausgaben und mit der öffentlichen Schuldenwirtschaft.

Im deutschsprachigen Raum kümmerten sich Kameralisten

um das Schatzwesen, um das «camerale» von Fürsten. Dabei wurde die Natural- wieder von der Geldwirtschaft abgelöst. Anstelle privater Geldgeber traten öffentliche Banken in Erscheinung. Aus dem Darlehen an den Herrscher, dem Personalkredit, heraus entstand der staatliche, personenunabhängige Kredit. Die Kameralisten formulierten Grundsätze für den ökonomischen Umgang mit den öffentlichen Finanzen. So kam es zumindest in Ansätzen zu einer Vorausplanung, die auf einer Haushaltsrechnung beruhte. Entscheidend war aber, die Staatstätigkeit als einen produktiven Vorgang zu sehen. Das machte den Weg frei für eine ökonomische Begründung der Verschuldung.

Während dem Absolutismus wurde in Frankreich der Merkantilismus geboren. Er rückte das Produktivvermögen in den Mittelpunkt. Darin erblickte man die Grundlage der Steuerkraft. Es liege im Interesse nicht nur des Herrschers, sondern auch seines Volkes, für eine gedeihliche Entwicklung zu sorgen. In Frankreich wurde der Merkantilismus vom Finanzminister Ludwigs XVI., Jean-Baptiste Colbert (1509–1564), in Preußen von Friedrich dem Großen (1712–1786), in Österreich von Kaiserin Maria Theresia (1717–1780) und in Russland von Zar Peter dem Großen (1672–1725) vorangetrieben. Man führte umfangreiche öffentliche Arbeiten durch und baute die Infrastruktur aus. Dazu gehörten Brücken, Häfen, Kanäle, Straßen und Städte, die Urbarmachung von Land und die Gründung von Manufakturen. Man errichtete Banken, Sparkassen und Leihinstitute. Dazu kam die staatliche Förderung von Schulen und Wissenschaft.

Die absolutistische Staatswirtschaft fixierte sich so sehr auf «produktive Ausgaben», dass sie dabei keine Rücksicht auf die

Grenzen der Verschuldung nahm. Daher kam es im 17. und 18. Jahrhundert zu zahlreichen Staatsbankrotten. Besonders negativ ragte dabei das «Ancien Régime» in Frankreich heraus. Im Laufe der französischen Revolution (1789) und der Napoleonischen Kriege verschuldete sich ganz Europa, um sich gegen das expansionistische Frankreich zu wehren.

2.6 ... zum Liberalismus

Die Zeit vom Wiener Kongress (1815) bis zum Ersten Weltkrieg stand im Zeichen des Klassizismus und des Liberalismus. Das war eine Reaktion auf die Verschwendung und die Staatsbankrotte der vorherigen Jahrhunderte. Zugleich ging es auch politisch um die Überwindung des Absolutismus. Nach und nach entstanden in verschiedenen Ländern Parlamente, die erfolgreich um die Ausdehnung ihrer Befugnisse, auch und vor allem im Bereich der öffentlichen Finanzen, kämpften. Das 19. Jahrhundert steht im Zeichen aufkommender Nationalstaaten und des Durchbruchs der modernen Demokratie.

Unter Adam Smith (1723–1790), dem Vater der modernen Nationalökonomie, kam es zu einer Neuorientierung in der öffentlichen Verschuldung. Er forderte, dass einmal aufgenommene Schulden «ehrlich und voll bezahlt» würden. Damit verkörpert er den ordentlichen Hausvater und leitet den «Klassizismus» ein. Dieser lehnt die Aufnahme von Schulden grundsätzlich ab. Das spiegelt zum einen den puritanischen Geist Calvins wider, der das Leben auf Pump moralisch verwirft. Daneben wollte das englische Parlament unbedingt erreichen, dass der Staat nicht auf die Verschuldung ausweichen kann, wenn er daran gehindert wird, alte Steuern zu erhöhen oder neue einzuführen. Und schließlich wurde als negativ angesehen, dass der Staat über die Kreditaufnahme dem privaten, produktiven Sektor Ersparnisse entzieht, um diese für unproduktive Zwecke zu verwenden.

Von Adam Smith stammt die Regel, wonach der Staat sich nur für «rentable» Investitionen verschulden darf. Es geht hier um jene Investitionen, die einen (direkten) finanziellen Ertrag abwerfen, der ausreicht, um Zinsen zu zahlen und Schulden zu tilgen. Damit wurde die objektbezogene Lehre der Staatsverschuldung begründet, die im Laufe des 19. Jahrhunderts weiterentwickelt und spezifiziert wurde. Man definierte operabel, bei welchen Objekten eine Kreditfinanzierung zulässig sei, eben bei den «direkt rentablen» öffentlichen Investitionen.

Nach den napoleonischen Kriegen waren erhebliche Mittel erforderlich, um die Kriegsfolgen zu finanzieren. Dazu bediente man sich des öffentlichen Kredits. Aber gleichzeitig setzte sich der politische Wille durch, Schulden abzutragen, sich an der «klassischen» Regel zu orientieren. Dazu richtete man Tilgungsfonds ein, die mit bestimmten Zwecksteuern gespeist wurden. Damals verkaufte der Staat etwa Domänen, um mit dem Erlös Schulden zu tilgen.

Man bemühte sich über Jahrzehnte hinweg, das Budget auszugleichen, leider ohne großen Erfolg. Zum einen gaben manche Länder den Tilgungszwang auf und wichen auf freiwillige Tilgungen aus. Zum anderen kamen auf den Staat neue Aufgaben zu, so bei der Infrastruktur wie dem Bau von Eisenbahnen. Gingen private Bahnen bankrott, so sprang der Staat in der Regel ein. Außerdem engagierte sich der Staat zunehmend als «Unternehmer», so in den Gemeinden, wo kommunale Betriebe entstanden. Es ist als Bilanz festzuhalten, dass die Finanzierungspolitik «der meisten Länder auch nicht entfernt in dem Maße um einen Haushaltsausgleich bemüht war, wie das nach den damals herrschenden Anschauungen eigentlich erforderlich gewesen wäre» (F. Neumark).

Um Mitte des 19. Jahrhunderts setzte ein Wandel in der Einschätzung der Staatstätigkeit ein, weg von der klassischen These der «Unproduktivität». Nach Karl Marx drückt die Staatsschuld, «ob despotisch, konstitutionell oder republikanisch», dem Kapitalismus den Stempel auf. Das «moderne Steuersystem» ist eine notwendige Ergänzung der National- und anderer Anleihen. Zu Recht meint Marx, dem Steuersystem sei eine Tendenz zur «Übersteuerung» immanent. Carl Dietz bezeichnete 1855 den Staat als eine «Produktionsanstalt» sui generis. Darin erblickte er das Immaterial- und Nationalkapital einer Volkswirtschaft und näherte sich damit der kameralistischen und merkantilistischen Position an. Dabei formulierte er eine erste grobe Regel der Verschuldung: Einmalige, nicht regelmäßige Ausgaben für das Nationalkapital dürfen mit Kredit finanziert werden. Lorenz von Stein meinte nicht zu Unrecht: «Ein Staat ohne Schulden fordert zu viel von seiner Gegenwart oder leistet zu wenig für seine Zukunft.»

Die Verschuldung ist für den Staat unverzichtbar, um Ausgaben besser über die Zeit zu verteilen und Ausgabenspitzen zu bewältigen. Einen vorläufigen Höhepunkt erreichte die klassische Deckungslehre bei Adolph Wagner, dem Erfinder des «Gesetzes wachsender Staatstätigkeit», im letzten Viertel des 19. Jahrhunderts. Die operable Unterscheidung zwischen ordentlichen und außerordentlichen Ausgaben setzte sich als Regel zur Finanzierung öffentlicher Haushalte, zumindest in der Theorie, durch.

Im Laufe des 19. Jahrhunderts bauten die Industrieländer Europas und Nordamerikas ihre Steuersysteme zügig aus. Die Einkommenssteuer setzte sich von England aus überall durch. Zugleich wurden indirekte Steuern und spezifische Verbrauchssteuern eingeführt.

Den Zöllen auf Industrieprodukte kam eine rasch wachsende Bedeutung zu. Die wirtschaftliche Expansion im Früh- und Hochkapitalismus erzeugte sozusagen automatisch zusätzliche Einnahmen, die den finanziellen Handlungsspielraum massiv verbesserten.

Zwar gab es damals zahlreiche Kriege, sie fielen aber finanziell nicht so schwer ins Gewicht und konnten meist verkraftet werden. Obwohl sie vorwiegend mit Kredit finanziert wurden, kam es zu (relativ) wenigen Staatsbankrotten, denn die kriegsbedingte Inflation hatte eine massive Entwertung der Staatsschulden zur Folge.

Staatsbankrotte spielten sich vor allem in Südeuropa, auf dem Balkan, in der Türkei und in Nordafrika ab. Dazu kamen schon damals Mittel- und Südamerika mit zahlreichen Pleiten. Allein in Kolumbien gab es zwischen 1820 und 1916 nicht weniger als 33 Bankrotte. Nicht selten wurde militärisch interveniert, um Verzinsung und Tilgung zu erzwingen. Europäische Gläubiger übernahmen dabei die Steuerverwaltung, so unter anderem 1869 in Tunis, 1880 Ägypten und 1898 Griechenland. In Venezuela sorgten 1902 britische Kanonenboote für die Wiederaufnahme des Schuldendienstes. Die Vereinigten Staaten übten die administrative Kontrolle über Kuba und Santo Domingo aus. (P. H. Lindert)

Im 19. Jahrhundert ist ein typisches Verhalten in den lateinamerikanischen Ländern auszumachen. Sie verschuldeten sich stets im größtmöglichen Umfang bei den Industrieländern, demnach in fremder (harter) Währung. War kein neuer Geldgeber mehr zu finden, so weigerte man sich, Zinsen zu zahlen, und geriet mit den Rückzahlungen in Verzug. Damit wurden Verhandlungen mit den Geldgebern erzwungen. Diese endeten in der Regel in einem Schuldenerlass. Danach erklärte man sich bereit, Zinsen auf neue Kredite zu bezahlen, die auch gewährt wurden. Das Verschuldungsspiel, das jeweils in einen Staatsbankrott endete, konnte von Neuem beginnen.

2.7 Erster Weltkrieg

Kriege führen naturgemäß zu einem sprunghaften Anstieg der Staatsausgaben im Allgemeinen und der Militärausgaben im Besonderen. Diese sind zugleich Motor der sozialen Entwicklung, wenn es darum geht, die Kriegsfolgen zu mildern. Zwar nehmen dabei alle Staaten, wenn auch (recht) unterschiedlich, Zuflucht zu Steuererhöhungen, dominant ist aber die Kreditfinanzierung.

Deutschland war finanziell auf den Ersten Weltkrieg nicht vorbereitet. Es finanzierte sich über Anleihen bei «Banken und Publikum». Obwohl in drei Stufen neue Steuern eingeführt wurden, deckten die Steuereinnahmen nicht einmal ein Zehntel der Kriegsausgaben. Im Anschluss an den Krieg finanzierte sich der Staat direkt über die Reichsbank. Dabei kam es zu einer gigantischen Aufblähung der Geldmenge und als Folge zu einer galoppierenden Inflation, die das Land 1923 zwang, eine Währungsreform durchzuführen.

Großbritannien entschied sich für die Steuerfinanzierung. Kräftig erhöht wurden die Benzin- und Einkommenssteuer.

Zugleich verschärfte man spezielle Verbrauchssteuern, so auf Tee und Zucker. Als ergiebig erwies sich die Einführung einer Kriegsgewinnabgabe *(Excess Profits Duty)* mit einem Spitzensatz von 80 Prozent im Jahre 1918. Trotz der rigorosen Steuerpolitik konnte eine massive Verschuldung nicht vermieden werden. Da die Preise sich im Kriege mehr als verdoppelten, wurde die «reale Last» der Schulden mehr als halbiert, entsprechend weginflationiert.

Die USA bestritten den Krieg zu rund einem Drittel über Steuern. Doch das Schwergewicht lag bei den Regierungsanleihen, die über die Zentralbank, den damals gegründeten «Federal Reserve Board» (FED), platziert wurden. Die Aufblähung der Bankkredite rührte in den ersten Nachkriegsjahren zu einer starken Inflation.

Einen der größten Staatsbankrotte aller Zeiten erlebte Russland am 3. Februar 1918. Er war das Werk von Lenin und Trotzki, die im Herbst 1917 an die Macht gelangt waren. Alle Schulden, auch die privaten, für die der Staat gebürgt hatte, wurden für «null und nichtig» erklärt. Bankrotte waren allerdings für Russland nicht Neues. Im 19. Jahrhundert entledigte sich das Land dreimal seiner Schulden mit Hilfe einer galoppierenden Inflation. Wer auch immer das Land regierte, die Verschuldung wurde stets mit dem Hinweis auf die natürlichen Ressourcen, den «unermesslichen Reichtum», den man gewinnbringend ausbeuten könne, schmackhaft gemacht. Dahinter steckt aber die Absicht, sich im größtmöglichen Umfang zu verschulden, ohne sich ernsthaft um Zinsen und Tilgungen zu kümmern. Diese Strategie wurde schon von den Frühsozialisten propagiert, um die Reichen auszubeuten, ihr Vermögen zu sozialisieren und letztlich zu vernichten.

2.8 Zwischen den Weltkriegen

Im Laufe der Depression, die dem Ersten Weltkrieg folgte und bis 1921/22 dauerte, stiegen die Schulden krisenbedingt weiter an. Danach setzte 1923 ein kräftiger Konjunkturaufschwung ein, der bis 1929 dauerte. Aufgrund wachsender Steuereinnahmen konnte die Schuldenlast gemildert werden. Vom Aufschwung profitierte auch Deutschland nach der Währungssanierung von 1923.

Der Crash vom Oktober 1929 an der Wall Street bildete den Auftakt zur großen Depression der 1930er-Jahre. Diese verschärfte das Schuldenproblem und trieb es in gefährliche Dimensionen. Das reale Volkseinkommen schrumpfte kräftig, die laufenden Einnahmen brachen ein, die Ausgaben liefen sozusagen davon. Darauf reagierten die großen Länder unterschiedlich.

Deutschland betrieb vorerst eine restriktive Finanzpolitik und versuchte, den Haushalt auszugleichen. Das wirkte sich verheerend auf die wirtschaftliche Entwicklung aus; es kam zu Maßenarbeitslosigkeit. Als die Nationalsozialisten an die Macht kamen, forcierten sie die öffentlichen Arbeiten und die Rüstung. Sie führten mehrere Steuerreformen durch, um die Einnahmen zu verbessern. Doch das reichte nicht aus, um den rasch wachsenden Finanzbedarf zu decken. Im Zuge dieser Entwicklung nahm die öffentliche Schuld massiv zu und wuchs in neue Dimensionen hinein. Man entwickelte neue Techniken des Borgens, so unter anderem 1939 durch einen «neuen Finanzplan». Die Neuverschuldung wurde nicht mehr verzinst, sondern mit Steuervorteilen kombiniert. Diese waren umso größer, je länger man die Schuldtitel behielt.

Frankreich half zwar notleidenden Unternehmen und milderte die sozialen Folgen der Arbeitslosigkeit. Zugleich hielt das Land aber am Budgetausgleich fest. Diese Deflationspolitik scheiterte kläglich. Im Jahre 1936 übernahm die Volksfront die Macht. Sie bedankte sich dafür mit einer kostspieligen Sozialpolitik, die über eine systematische Verschuldung finanziert wurde. Das führte in die Inflation und schwächte das Vertrauen in den Franc. In der Folge kam es zu Abwertungen, entsprechend konnte sich der Staat von seinen Schulden entlasten.

Großbritannien verhielt sich protektionistisch. Es entschied sich für Zölle und Kontingente, um so die Importe zu be- und verhindern. Der öffentliche wurde zu Lasten des privaten Sektors ausgebaut, der staatliche Einfluss gewann die Oberhand. Bis zum Zweiten Weltkrieg wurde der Wohlfahrtsstaat zügig auf- und ausgebaut. Es ragen das Gesundheitswesen, der Wohnungsbau, die Arbeitslosen- und die Alterssicherung heraus. Diese gigantische Umverteilung wurde durch direkte, progressive Steuern finanziert, die regelmäßig auch noch erhöht wurden. Doch das reichte nicht aus, um eine rasch wachsende Verschuldung zu vermeiden.

In den USA brachte die Depression einen politischen Umschwung weg von den Republikanern hin zu den Demokraten. Der neue Präsident F. D. Roosevelt verabschiedete sich vom «Laissez-faire» und begründete den amerikanischen Wohlfahrtsstaat. Es kam 1935 im Rahmen des «New Deal» zu massiven öffentlichen Arbeiten und zur Sozialversicherung. Der Bund finanzierte sich vor allem über direkte, progressive Steuern, die wiederholt erhöht wurden. Man bediente sich zugleich auch der Verschuldung, die (neu) antizyklisch begründet wurde. Da die Zinsen damals niedrig waren, konnte man den Zinsendienst ohne Weiteres verkraften.

Verhehrend wirkte sich die weltwirtschaftliche Depression auf die Exporte der lateinamerikanischen Länder aus. Nicht besser erging es den Staaten auf dem Balkan, in Nordafrika und im Vorderen Orient. Sie gerieten mit den Zinszahlungen in Verzug und setzten diese schließlich aus. Den Gläubigern, dominant die USA und Großbritannien, blieb nichts anderes übrig, als zu verhandeln und wie üblich Konzessionen zu machen. US-Investoren verloren in den 1930er-Jahren durchschnittlich 75 Prozent der geschuldeten Zinsen, jene aus Großbritannien zwischen 30 und 50 Prozent (B. Eichengreen u. a.). Zugleich kam es zu offenen und versteckten Bankrotten, die mit einem massiven Schuldenerlass verbunden waren.

2.9 Zweiter Weltkrieg

Die Verschuldung hatte sich, wie eben gezeigt, im Laufe der 1930er-Jahre beschleunigt. Man rüstete auf und baute gleichzeitig den Wohlfahrtsstaat aus. Den Zweiten Weltkrieg haben die dominanten Akteure sehr unterschiedlich finanziert. Deutschland änderte am 15. Juni 1939 das Reichsbankgesetz und machte den Weg frei für eine gigantische Verschuldung, die durch Geldschöpfung geprägt war. Auch Frankreich setzte zwischen 1940 und 1945 auf die Geldschöpfung und ersetzte die Marktwirtschaft durch eine Planwirtschaft, die «Planification» genannt wurde. Großbritannien gab der Steuerfinanzierung den Vorzug; direkte und indirekte Steuern wurden massiv erhöht. Das ging so weit, dass den «Reichsten» nur noch Einkommen von weniger als 7000 Pfund übrig blieben

(U. Hicks). Auch die USA schritten zu drastischen Steuererhöhungen, konnten aber nicht verhindern, dass die Bundesschuld zwischen 1938 und 1945 von 37 auf 255 Milliarden Dollar kletterte. Der Krieg wurde zu rund 50 Prozent durch Schulden finanziert (L. C. Harriss). Die USA hielten die Zinsen von Anleihen künstlich niedrig; diese machten im Durchschnitt nur 2,5 Prozent aus. Die Belastung des Volkseinkommens durch die Schuldenzinsen stieg daher nur von 1,3 auf 2,6 Prozent. Entsprechend wurden die Lasten entscheidend auf die Gläubiger abgewälzt.

2.10 Die Nachkriegszeit

Die westlichen Siegermächte lösten das Schuldenproblem nach 1945 auf unterschiedliche Weise. Großbritannien erhöhte die Steuerlast noch weiter, um den Wohlfahrtsstaat zu finanzieren. Die anhaltend hohe Geldentwertung inflationierte die Schulden in erheblichem Ausmaß weg.

Die Vereinigten Staaten setzten in den ersten Nachkriegsjahren auf eine restriktive Geldpolitik, konnten die inflationäre Entwicklung aber nicht ausreichend verhindern. Diese beschleunigte sich während des Koreakrieges (1953). Von 1945 bis 1951 hatte die Inflation die reale Schuldenlast erheblich gesenkt.

In Frankreich löste eine Regierung die andere ab. Das Land befand sich in einer permanenten Krise, bis General Charles de Gaulle 1958 die Macht übernahm. Zuvor litt der Franc an Schwindsucht, die hohe Inflation löste das Schuldenproblem weitgehend von selbst.

Die Verlierer des Zweiten Weltkrieges machten entweder Bankrott oder inflationierten ihre Schulden weg. Ihnen blieben aber die Auslandschulden erhalten, die von den Siegern nicht geschenkt, sondern eingefordert wurden. Deutschland war 1948 pleite, und die Bundesrepublik führte eine Währungsreform durch, um sich auf diesem Wege von der Vergangenheit zu verabschieden. In Italien hatte die galoppierende Inflation die Vorkriegsschulden faktisch annulliert. Japan entlastete sich von seinen Schulden, indem es für die inflationsbedingte Entwertung keinen Ausgleich zahlte.

Auf dem Balkan gingen mit Ausnahme von Griechenland, das zahlungsunfähig war, sämtliche Länder unter. Sie wurden Satelliten der Sowjetunion, und ihre Schulden wurden für «null und nichtig» erklärt. In China kam Mao Tsetung 1948 an die Macht; er vernichtete das alte Regime und seine Schulden. Die Entwicklungsländer erwiesen sich, ob freiheitlich oder sozialistisch, bald einmal als zahlungsunfähig. Sie sind bis heute ökonomisch ein Fass ohne Boden geblieben.

Aus Lateinamerika ist nichts Neues zu melden. Argentinien ging 1956 mit 500 Millionen Dollar pleite. In den 1960er-Jahren wurden 14 Länder zahlungsunfähig, die meisten von ihnen gleich mehrfach, so zum Beispiel Argentinien 1962 und 1965. Aus heutiger Sicht ging es jeweils um geringe Beträge. Der Niedergang einst blühender Länder hatte schon in den 1930er-Jahren begonnen. Maßgeblich daran beteiligt ist der Wohlfahrtsstaat, der in den Ruin führte – so in Argentinien mit dem Diktator Juan Peron, der zu einer umfassenden Sozialisierung schritt.

Uruguay wurde früher in einem Zuge mit dem Libanon und der Schweiz genannt; das Land galt früher als eine «Perle dieser Welt». 1947 entschied es sich für den Wohlfahrtsstaat und leitete damit den eigenen Untergang ein.

Nachdem die Kriegsfolgen mehr oder weniger bewältigt waren, begann das Goldene Zeitalter der Verschuldung. Von wenigen Ausnahmen abgesehen, blieben Bankrotte aus, weil die öffentlichen Einnahmen aufgrund des anhaltend raschen wirtschaftlichen Wachstums reichlich flossen. Das änderte sich aber schlagartig, als der langfristige Aufschwung der Nachkriegszeit 1973 zu Ende ging. Die Steuereinnahmen brachen ein, die wirtschaftliche Dynamik wurde gebrochen. Derweil expandierten die Staatsausgaben sogar beschleunigt; Defizite konnten nicht ausbleiben.

2.11 Schuldenkrise der 1980er-Jahre

Die Schuldenkrise der 1980er-Jahre war kein Blitz aus heiterem Himmel. Sie entwickelte sich im Laufe der 1970er-Jahre. Damals bekam die OPEC, die Organisation der erdölproduzierenden Länder, den globalen Erdölmarkt in den Griff. Es folgte 1973/74 ein sprunghafter Anstieg des Erdölpreises, was sich 1979/80 wiederholte. In den 1970ern haussierten auch andere Rohstoffpreise, so jene der NE- und Edelmetalle. Es kam zu panikartigen Käufen, man bezahlte sozusagen jeden Preis. Die Folge war eine anhaltend inflatorische Entwicklung.

Im Zuge steigender Rohstoffpreise flossen rasch wachsende Zahlungen von den Verbraucher- zu den Produzentenländern der OPEC und darüber hinaus. Dort war man nicht darauf vorbereitet, man konnte zunächst damit fast nichts anfangen. Im Rahmen des Recyclings der Petrodollars strömten die Einnahmen hin zu den Großbanken in den Industrieländern. Diese gerieten in den Anlagenotstand und mussten gigantische

Summen, die zu verzinsen waren, in der Wirtschaft oder beim Staat unterbringen.

Sie pumpten diese Mittel als Kredite in die Herkunftsländer zurück und gewährten Kredite in nahezu beliebiger Höhe fast an jedermann. Üblich waren ungebundene Finanzkredite, denen jeder Bezug zu geprüften Investitionsvorhaben fehlte. Zudem waren die Kredite kurzfristig angelegt, obwohl sie langfristig benötigt, aber kurzfristig nicht produktiv umgesetzt werden konnten.

Die Zinsen waren nicht fixiert und wurden variabel gehalten. Als diese im Zuge der hohen Inflation der 1970er-Jahre in den USA und am Euromarkt nach oben gingen, wuchs der Schuldendienst in dramatische Dimensionen hinein. Zugleich gewährten die Banken Kredite, ohne Rücksicht auf die Wirtschafts- und Finanzpolitik der Empfängerländer. Ihre ehrgeizigen Industrie- und Infrastrukturpläne führten zu einem hohen Bedarf an importierten Investitionsgütern. Das überforderte selbst die reichen Erdölländer, die auf die Notenpresse auswichen, um ihre Haushaltsdefizite abzudecken (S.C. Cassier).

Noch Anfang der 1980er-Jahre ging man allgemein davon aus, dass der Erdölpreis weiter steigen werde, man prognostizierte hundert Dollar pro Barrel (pro Fass = 159 Liter) Das verleitete zur Annahme, die Kredite seien abgesichert, man könne bedenkenlos weitermachen wie bisher. Dabei vergaben Banken schon zuvor ihre Kredite völlig unkoordiniert und wussten nicht einmal, in welcher Höhe und bei wem ihre Kunden bereits verschuldet waren. Sie schaukelten sich gegenseitig hoch, um ja nicht «lukrative» Geschäfte zu verpassen. Es wurde nach der Devise gehandelt: «Wenn die anderen geben, dürfen wir auch.» Dieses gleichgerichtete Verhalten musste zwangsläufig ins Verderben führen. Das westliche Bankensystem war mit geschlossenen Augen in den Morast marschiert. Vor allem US-Banken waren zu mehr als der Hälfte ihrer Eigenmittel in einzelnen maroden Ländern engagiert.

Bankrott machten zahlreiche Länder schon gegen Ende der 1970er-Jahre, darunter die Ärmsten der Armen, Staaten ohne Vorkommen an Rohstoffen, insbesondere Erdöl. Sie mussten zu hohen Preisen importieren, was sie finanziell überforderte. Zusätzlich zur Türkei, einem alten Bankrotteuer, wurden unter anderem Kuba, Polen, Rumänien und Jugoslawien zahlungsunfähig. Dazu kamen auch rohstoffreiche Länder wie zum Beispiel Zaire (Belgisch-Kongo). Die Schuldenkrise war auf dem Wege, zu einem globalen Problem zu werden.

Mit dem Ausbruch der Mexiko-Krise von 1982 wurde deutlich, dass kurzfristig gehandelt werden musste. Tilgungen wurden ausgesetzt und im gegenseitigen Einvernehmen zeitlich gestreckt. Dabei räumte man – wie sonst auch – der Wiederaufnahme der Zinszahlungen Priorität ein. Die meisten Schuldner lenkten erst ein, als ihnen neue Kredite *(fresh money)* zugesagt wurden. Diese machten es möglich, die Zinsen zu zahlen, den Engpass zu überwinden und die Verhandlungen in Gang zu halten. Dabei konzentrierten sich die Banken auf die großen Schuldner wie Argentinien, Brasilien und Mexiko, an denen die USA vorrangig interessiert waren.

Ab 1985 herrschte die Überzeugung vor, ohne den massiven Erlass von Schulden sei die Krise nicht zu bewältigen. Dazu war man aber nicht bedingungslos bereit. In Zusammenarbeit mit dem Internationalen Währungsfonds (IMF) und der Weltbank wurden Auflagen zur Sanierung von Wirtschaft und Finanzen erlassen. Im Rahmen dieses Konzeptes, dem «Baker-

Plan», stellen nun auch internationale Geschäftsbanken Kredite zur Förderung von strukturellen, wachstumsorientierten Anpassungen bereit. Davon profitierten 15 Länder, vorwiegend aus Südamerika.

Zieht man eine zehnjährige Bilanz der Schuldenkrise ab 1982, so war es eine beachtliche Leistung, den Zusammenbruch des internationalen Finanzsystems und eine davon induzierte weltweite Depression vermieden zu haben. Der faktische Bankrott wurde so abgewickelt, dass man das Ende der Schuldenkrise verkünden durfte. Wie stets zuvor waren die Schuldner zahlungsunfähig geworden, vermochten aber Verhandlungen zu erzwingen, die zu ihren Gunsten abliefen. Es gelang ihnen dabei, Kredite in historischem Ausmaß zu erhalten. Das altbekannte Schuldenspiel konnte von Neuem beginnen.

Die Bankrotteure der 1980er-Jahre waren bereits Anfang der 1990er-Jahre höher verschuldet als 1982. Die nächste Schuldenkrise war demnach vorprogrammiert.

2.12 Schuldenkrise der 1990er-Jahre

Im Jahre 1995 brach die zweite Mexikokrise aus. Das Land hatte sich zuvor massiv in Dollar verschuldet, ohne das Währungsrisiko abzusichern. Der Peso stand unter permanentem Druck. Im Zuge dieser Entwicklung kam es zu einem Kapitalabfluss, die Zinsen zogen an, und die Währungsreserven schmolzen dahin. Als die Abwertung sich beschleunigte, war die Krise perfekt. Um den Bankrott abzuwenden, sprangen die USA, der IMF und die Bank für Internationalen Zahlungsausgleich (BIZ) mit zusammen 50 Milliarden Dollar ein. Doch damit wurde der Eindruck erweckt, der IMF greife stets ein, wenn Länder an den Rand des Ruins geraten. Das veranlasste die internationale Spekulation, nach anderen Ufern Ausschau zu halten. Währungskrisen konnten daher nicht lange ausbleiben.

Im Jahre 1998 brach die Asienkrise aus. Sie begann mit dem Zusammenbruch der Bank of Commerce in Bangkok. Die internationale Spekulation, dominant aus den USA, zwang die thailändische Währung (Baht) in die Knie. Im Juli 1997 wurde der Wechselkurs freigegeben. Nun griff die Asienkrise auf Indonesien, Malaysia, Hongkong und Südkorea über. Zu einer Beruhigung kam es erst, als der IMF mit Krediten zu Hilfe kam und seine Auflagen ernst genommen wurden. Indonesien reagierte nicht positiv auf diese Auflagen. So kam es 1998 zu einem Schuldenmoratorium.

Im Jahre 1998 brach die Russland-Krise aus. Zur Bekämpfung der heftigen Inflation der 90er-Jahre hatte Russland den Rubel in einer festen Bandbreite an den Dollar gebunden. Da der Staat im Ausland verschuldet war und die Banken ihre Verbindlichkeiten in Dollar begleichen mussten, hing sozusagen alles von einem stabilen Wechselkurs ab. Doch im Zuge der Asienkrise zogen Investoren Kapital aus Russland ab. Um Käufer für Anleihen zu finden, mussten die Zinsen drastisch erhöht werden. Die Krise ließ nicht lange auf sich warten. Der Aktienmarkt crashte, der Staat geriet unter massivem Druck, die Freigabe des Wechselkurses war im August 1998 unausweichlich geworden. Kurz zuvor hatte der Mega-Spekulant George Soros in der «Financial Times» die Abwertung des Rubels gefordert. Der Rubelkurs brach um rund die Hälfte ein, mit verheerenden Folgen: Die IMF-Kredite reichten nicht aus, um das Vertrauen herzustellen. Die Last der Auslandsschulden war durch die massive, abrupte Abwertung so groß geworden, dass sie nicht mehr zu tragen war. Russland war finanziell am Ende, es war unmöglich geworden, Auslandsschulden zurückzuzahlen.

Die Brasilien-Krise lief nach dem gleichen Muster ab wie in den anderen Krisenländern (G. Hannich). Alles begann mit einer Hyperinflation in den 1990er-Jahren. Nun führte man eine neue Währung, den Real ein und band ihn fest an den Dollar. Um den Wechselkurs stabil zu halten, nahm Brasilien erneut Zuflucht zur Verschuldung. Bis 1995 hatte diese sich verfünffacht. Während der Asienkrise wurden die Zinsen auf durchschnittlich 30 Prozent angehoben, um der Kapitalflucht und dem Währungszerfall entgegenzuwirken.

Die brasilianischen Unternehmen hatten über die günstigere Verschuldung im Ausland einen Schuldenberg von 100 Milliarden Dollar aufgebaut. Im November 1998 sprang der IMF mit einem Stützungskredit von 40 Milliarden ein. Zugleich verlangte er drastische Sanierungsmaßnahmen, welche die Wirtschaftskrise verschärften. Dabei explodierte die Staatsverschuldung erneut; das Budgetdefizit schnellte in die Höhe. Unter dieser Last brach Brasilien ein. Als Antwort darauf ernannte man einen neuen Notenbankpräsidenten, verbunden mit der Auflage, das Land zu stabilisieren und zu sanieren.

Schließlich war ein alter Bankrotteur, namentlich Argentinien, erneut an der Reihe. Als Antwort auf die hohen Inflationsraten der 1980er-Jahre koppelte das Land Anfang der 1990er-Jahre den Peso an den US-Dollar. Zwar ging die Inflation massiv zurück, es kam aber zu einem bedrohlichen Handelsdefizit. Die zusätzlichen Importe wurden durch eine Verschuldung im Ausland finanziert. Als der Dollar im Laufe der

1990er-Jahre an Stärke gewonnen hatte, verschärfte sich das Ungleichgewicht zwischen Exporten und Importen. Dazu kam die Brasilien-Krise (1998), die sich negativ auf die argentinische Wirtschaft auswirkte. Ein IMF-Kredit brachte nicht die erhoffte Stabilisierung, der wirtschaftliche Niedergang beschleunigte sich. Es kam zu anhaltenden Protestdemonstrationen breiter, arbeitsloser und verarmter Bevölkerungskreise. Ab 2001 bezahlte das Land seine Angestellten bis zu 50 Prozent mit staatlichen Schuldscheinen. Investoren und Spekulanten zogen Kapital ab, was eine Bankenkrise auslöste. Es kam, wie es kommen musste: Ende 2001 erklärte sich Argentinien für zahlungsunfähig. Zwar erholte sich die Wirtschaft allmählich, aber in den letzten Jahren zeichnete sich erneut ein Rückfall in alte Zeiten ab.

Wie vorauszusehen war, kam es ab 2007 zur nächsten Finanzkrise. Sie beschränkte sich nicht auf einzelne Länder, sondern nahm globalen Charakter an. Daraus ging eine Schuldenkrise von historischem Ausmaß hervor. Es darf daher nicht überraschen, dass das «Gespenst vom Staatsbankrott» seit 2008 Schlagzeilen produziert.

Bevor man aber die künftige und absehbare Entwicklung analysiert, ist es notwendig und nützlich, jene Ursachen und Abläufe zu systematisieren, die in der Vergangenheit zum Staatsbankrott führten. Schließlich ist es überfällig, endlich Lehren aus der Geschichte zu ziehen, damit Staatsbankrotte künftig im Keime erstickt werden können. Allerdings reichen solche Forderungen nicht aus, es ist unverzichtbar, dass endlich der politische Wille dazu aufgebracht wird, damit die Geschichte sich nicht wiederholt.

3 Quintessenz der Geschichte

Im Folgenden betrachten wir Kriege und andere Ereignisse nicht unter politischen, historischen oder humanistischen, sondern unter ökonomischen Gesichtspunkten.

Kriege sind finanziell zwar ein Sonderfall. Kriege, ob kleine oder große, gibt es seit der Antike bis in die Gegenwart. Zuvor wird aufgerüstet, mit offensivem oder defensivem Charakter, entsprechend steigen die Militärausgaben. Die Akteure sehen das als außerordentlichen Aufwand an und finanzieren ihre Kriege zumindest dominant über Kredite. Entsprechend zieht die öffentliche Verschuldung an.

Brechen Kriege aus, so schnellen die Militärausgaben in die Höhe. Sie werden stets mit einer Neuverschuldung finanziert. Zugleich kommt es wegen Knappheit an Gütern aller Art zu einer rasch steigenden bis galoppierenden Inflation. Gehen Kriege zu Ende, so fallen Kriegsfolgelasten an. Auch diese werden in der Regel nicht mit Steuern, sondern mit Krediten finanziert. Der Anstieg der Staatsschulden geht demnach weiter.

3.1 Kriege

Wer Kriege gewinnt, der ist in einer ungleich besseren Ausgangslage als jene, die Kriege verlieren. Zum einen hat die Inflation die Schulden entwertet; die reale Schuldenlast ist gesunken. Bleibt dann eine Nachkriegsdepression aus, so ist Entscheidendes gewonnen. Und wenn sich dann noch die Wirtschaft erholt und sich gar ein langfristiger Aufschwung einstellt, so relativieren sich die Schulden fast von selbst, sogar nachhaltig. Die Schuldenquote, gemessen am Bruttoinlandsprodukt (BIP), bildet sich sozusagen automatisch auf ein tragbares Niveau zurück.

Geht ein Krieg verloren, so verschlimmern sich die finanziellen Verhältnisse. Nicht selten werden gravierende Reparationszahlungen fällig. Dazu gesellen sich massive Lasten für den Wiederaufbau und Sozialausgaben zur Linderung der allgemeinen Notlage. Dazu fehlen aber ordentliche Mittel, weshalb man sich der Notenpresse bedient, um zahlungsfähig zu bleiben. Doch daraus kann sich eine rasch wachsende oder gar galopierende Geldentwertung ergeben. Es bleibt dann nichts anderes übrig, als zu einer Währungssanierung Zuflucht zu nehmen. Danach geht es nur dann aufwärts, wenn die Menschen Vertrauen in die neue Währung haben und sich von der Chance einer allmählich verbessernden Wirtschaftslage überzeugen lassen und entsprechend aktiv werden, wie es zum Beispiel in Deutschland nach der Währungsreform 1948 geschah.

3.2 Auslandsschulden

Eine strategische Rolle für Staatsbankrotte spielen regelmäßig Auslandsschulden. Wenn nämlich der heimische Kreditmarkt ausgetrocknet ist, weicht man ins Ausland aus und verschuldet sich dort, solange es nur geht.

Damit begibt man sich in die «Bankrottfalle», denn Kredite im Ausland werden in besseren, eher harten Währungen aufgenommen, so dominant in US-Dollar. Aufgrund einer niedrigen Bonität müssen viel höhere Zinsen bezahlt werden, die wie eine Risikoprämie wirken. Nur unter solchen Voraussetzungen sind ausländische Großbanken bereit, Kredite zu gewähren. Entsprechend ist der Schuldendienst überhöht und kann rasch zu einer finanziellen Überforderung führen. Mit solchen Krediten werden nicht nur Investitionen, sondern meist auch laufende Ausgaben finanziert. Diese leisten keinen Beitrag zur ökonomischen Entwicklung. Nicht selten werden auch Handelsbilanzdefizite finanziert, um Einschränkungen bei den Importen zu vermeiden. Diese stammen nicht nur von Investitionsgütern, sondern auch und dominant für dauerhafte Konsumgüter, wie zum Beispiel Autos. Man lebt entsprechend über den eigenen Verhältnissen, was auf Dauer nicht möglich ist. Um Vertrauen bei den ausländischen Kreditgebern zu schaffen, bindet man die eigene schwache bis marode Währung dominant an den US-Dollar. Solch fixe Wechselkurse sind stets der Einstieg in den Ruin. Es dauert meist nicht lange, bis die internationale Spekulation, schwergewichtig aus den USA, auf den Plan gerufen wird. Die Großspekulanten üben Druck auf schwache Währungen aus und verkaufen diese in massivem Ausmaß gegen Dollars.

Um dem Druck der Spekulation nicht nachgeben zu müssen und um eine Abwertung zu vermeiden, erhöhen die Schuldnerländer die Zinsen und stützen zugleich den Wechselkurs. Verfügen sie selbst nicht mehr über die erforderlichen Mittel, so nehmen sie Zuflucht zur Notenpresse. Das ist der definitive Anfang vom raschem Ende. Die Inflation zieht an, das Vertrauen der ausländischen Kreditgeber lässt massiv nach, und es kommt zu einer galoppierenden (Hyper-)Inflation. Der nächste

Schritt ist klar: Es kommt zur Verkündigung der Zahlungsunfähigkeit. Die inländischen Gläubiger verlieren regelmäßig alles; mit den ausländischen Kreditgebern nimmt man Verhandlungen auf. Sie enden in der Regel mit einem Forderungsverzicht, und – *fresh money*, damit die Zinszahlungen wieder aufgenommen werden können.

Der eben geschilderte Standardablauf des Staatsbankrottes ist vor allem aus Lateinamerika seit dem 19. Jahrhundert her bekannt. Nicht viel anders spielten sich früher Bankrotte auf dem Balkan, Nordafrika und nach dem Zweiten Weltkrieg in afrikanischen Ländern ab, die in die Unabhängigkeit entlassen wurden. Das gilt auch für asiatische Länder, die im Laufe der Zeit nach dem Zweiten Weltkrieg unabhängig wurden. In diesem Zusammenhang darf nicht unerwähnt bleiben, dass solche Bankrotte nicht ohne massive Kredite der global tätigen, westlichen Großbanken möglich gewesen wären. Außerdem waren in den letzten Jahrzehnten auch Großspekulanten, wie zum Beispiel George Soros, daran beteiligt. Sie haben manche Währung in die Knie gezwungen und gravierende Krisen ausgelöst, so zuletzt in den 1990er-Jahren in Asien und Lateinamerika.

3.3 Wirtschaftskrisen

Wirtschaftskrisen führen nicht selten zum Einstieg in eine Schuldenwirtschaft, die auch dann nicht aufgegeben wird, wenn die Wirtschaft sich erholt. Im Falle von Depressionen hat man nicht mit einem konjunkturellen, sondern einem fundamentalen strukturellen Problem zu tun. Man ist mit einem der Kondratieff-Zyklen konfrontiert: Nach einem jahrzehntelangen Aufstieg kommt es zuerst zu einem konjunkturellen

Einbruch und danach zu einem schweren Einbruch, der 15 bis 25 Jahre dauern kann. Man kennt solche Phasen aus den 1840er-, 1870er- und 1930er-Jahren und zuletzt in den USA von 1967/68 bis 1983.

In der liberalen Epoche nach den napoleonischen Kriegen bis Anfang der 1930er-Jahre verhielt sich der Staat neutral und verzichtete darauf, über die Finanzpolitik unterstützend einzugreifen. Der Grundsatz der Neutralität erforderte einen stets ausgeglichenen öffentlichen Haushalt, unabhängig, ob die Wirtschaft prosperierte oder sich in einer anhaltenden Krise befand. Um das Ziel des Budgetausgleichs zu erreichen, wurden Ausgaben gesenkt und Steuern erhöht. Das wirkte sich kontraproduktiv auf die wirtschaftliche Entwicklung aus.

Als harter Kritiker der klassischen Lehre trat der britische Philosoph und Ökonom John M. Keynes ab den 1920er-Jahren in Erscheinung. Er forderte eine «kompensatorische Finanzpolitik». Danach hat der Staat die Aufgabe, eine fehlende private Nachfrage mit kreditfinanzierten Staatsausgaben auszugleichen. Das *Deficit-spending* wurde damals geboren.

Zum Zuge kam das Deficit-spending nicht zu Beginn der großen Depression der 1930er-Jahre, sondern in den USA erst ab 1933 mit Präsident Roosevelt, und zwar mit dem «New Deal» ab 1935. Zu diesem gigantischen Programm der Arbeitsbeschaffung kam der Einstieg in den Wohlfahrtsstaat *(Social Security Act)* hinzu. In Deutschland schaffte die «neue Finanzpolitik» den Durchbruch, als die Nationalsozialisten 1933 an die Macht kamen. Auch Großbritannien änderte seine Finanzpolitik grundlegend. Hier kamen auch und vor allem kreditfinanzierte «Sozialmaßnahmen» zum Einsatz. Damit wurden die wohlfahrtsstaatlichen Tendenzen maßgeblich verstärkt.

Den endgültigen Durchbruch schaffte die «kompensatorische» Finanzpolitik in den alten Industrieländern nach dem Zweiten Weltkrieg. Im Zuge dieser Entwicklung wurde eine Verschuldung auch für laufende Ausgaben zu einem permanenten Phänomen. Das konnte auf Dauer nicht gut gehen. In nicht wenigen Ländern resultierten daraus Inflation, Abwertungen und sogar Währungsreformen, so herausragend in Frankreich, bevor de Gaulle 1958 an die Macht kam. Andere Währungen wie die italienische Lira litten an anhaltendem und bedrohlichem Kaufkraftschwund. In Großbritannien sah es nicht anders aus, dort herrschte die «englische Krankheit». Das Land befand sich seit 1914 im Abstieg und Niedergang und war mit der Finanzierung des Wohlfahrtsstaates immer wieder überfordert.

Das Fazit: Gelingt es einem Staat nicht, seine kreditfinanzierte Finanzpolitik zu beenden, wenn die Wirtschaft sich nach einer Krise erholt, so nimmt die Entwicklung den bekannten historischen Verlauf: Um permanent wachsende Schulden zu finanzieren, erweist es sich bei sinkender Bonität als notwendig, die Zinsen zu erhöhen. Entsprechend steigt der Zinsendienst an und absorbiert einen wachsenden Prozentsatz der öffentlichen Einnahmen. Das paart sich mit einer anziehenden Inflation, welche das Vertrauen in die Währungen schwächt. Auf Dauer kommt es zu schweren Turbulenzen. Um den Staatsbankrott abzuwenden, sprang der IMF in der Nachkriegszeit auch in den alten Industrieländern (zum Beispiel Großbritannien) ein. Seine Finanzmittel reichen aber nicht aus, um dauerhaft Staatsbankrotte zu verhindern.

3.4 Grenzen des Steuerstaates

Die Steuerbelastung ist langfristig massiv angestiegen, sie kennt keine Grenzen und hat noch einen anderen Nebeneffekt: Negative Steuerwirkungen auf die wirtschaftliche Entwicklung werden vernachlässigt und Warnungen in den Wind geschlagen. Man argumentiert stets mit dem wachsenden Staatsbedarf und mit der «Steuergerechtigkeit», um der Expansion einen sozialen Anstrich zu vermitteln. In der Regel treten jene für «mehr Gerechtigkeit» ein, die selbst unterdurchschnittlich oder gar keine Steuern bezahlen, zugleich aber am meisten von staatlichen Leistungen aller Art profitieren. Auf Dauer kann diese Rechnung für keinen Staat aufgehen.

Je höher die direkten, progressiven und die ertragsunabhängigen Steuern sind, desto mehr leiden die positiven Anreize. Es lohnt sich immer weniger, sich auszubilden, zu arbeiten, zu forschen, innovieren und investieren. Die Steuerbelastung (gemessen am BIP) hat in zahlreichen alten Industrieländern schon vor Jahrzehnten die 50-Prozent-Schwelle überschritten. Nicht wenige leistungsfähige Steuerzahler arbeiten inzwischen mehrheitlich nicht für sich selbst, sondern für den Fiskus. Sie entrichten «Strafsteuern», die man als Zwangsarbeit bezeichnen könnte. Als Folge weichen private Personen und Unternehmen in die Schattenwirtschaft aus und betätigen sich in der Illegalität. Der «Naturaltausch» hat an Bedeutung gewonnen, und: Das «Spesenrettertum» feiert nicht erst heute fröhliche Urständ. Verbreitet sind die Steuerhinterziehung, ein Ausweichen ins steuergünstigere Ausland oder gar die Auswanderung in Steueroasen. Nicht wenige ziehen sich bei «voller Leistungskraft» vorzeitig aus dem Berufsleben zurück.

Berücksichtig man allein diese Verhaltensweisen, so vermag es nicht zu erstaunen, dass Volkswirtschaften zunehmend an Wachstumsdynamik verlieren. Sie sind auf dem Wege in die Stagnation, den Abstieg und sogar in den ökonomischen Niedergang. Gelingt es ihnen nicht rechtzeitig, sich nach marktwirtschaftlichen Regeln zu «revitalisieren», so ist auf Dauer Hopfen und Malz verloren. Das ist eine jahrhundertelange historische Erfahrung. Wer davon nicht zu überzeugen ist, dem kann man nur das entsprechende Werk von Mancur Olson, «Aufstieg und Niedergang von Nationen» (1985), empfehlen.

In dem Maße, wie die wirtschaftliche Dynamik anhaltend nachlässt und in die Stagnation mündet, antwortet der Staat mit einer beschleunigten Verschuldung, denn er findet keine Wählermehrheit für einen Abbau von Staatsleistungen im Allgemeinen und Sozialausgaben im Besonderen. Operiert der Staat auch noch mit Sondersteuern zu Lasten von «reichen Personen» und Unternehmen, ist er auf dem Wege, die Volkswirtschaft zu ruinieren. Im Zuge dieser Entwicklung gerät er immer mehr in die Schuldenfalle, aus der es kein Entrinnen mehr gibt. Den krönenden Abschluss bildet der Staatsbankrott.

3.5 Organisierte Verantwortungslosigkeit

Angesprochen ist hier der moderne Wohlfahrtsstaat. Er hängt eng mit dem eben skizzierten Steuerstaat zusammen, geht aber weit darüber hinaus. Er liegt nicht erst heute jenseits des marktwirtschaftlichen Sozialstaates. Dieser basiert auf dem Subsidiaritätsprinzip: Danach darf der Staat nur jenen finanziell unter die Arme greifen, die darauf existenziell angewiesen sind. Im Mittelpunkt des Sozialstaates steht eigenverantwortliches individuelles und gruppenmäßiges Handeln. In den letzten Jahrzehnten haben sich aber die entsprechenden Voraussetzungen fundamental verschlechtert. Der Wohlfahrtsstaat hat sich zu einem System organisierter Verantwortungslosigkeit entwickelt. Die Erosion der freiheitlichen Ordnung ist so weit fortgeschritten, dass immer mehr Menschen davon überzeugt sind, es lohne sich immer weniger, sich anzustrengen und selbst vorzusorgen. Sie erwarten vom Staat und seinen zahlreichen Institutionen, dass er im Ernstfall ihre vielfältigen Probleme lösen werde, und zwar unabhängig von seinen finanziellen und ökonomischen Möglichkeiten.

Die individuellen Handlungsspielräume wurden durch ein dichtes Netz an Gesetzen und Verordnungen derart stark eingeschränkt, dass Individuen und Unternehmen nicht mehr in ökonomisch erforderlichem Ausmaß aktiv werden oder bleiben können. Zugleich gibt es immer weniger volkswirtschaftlich relevante Bereiche, die von den Marktkräften gesteuert werden. Es dominieren Bürokratie und «administrierte» Preise, welche die Leistungsfähigkeit der Wirtschaft beeinträchtigen und ihrer marktwirtschaftlichen Dynamik schaden. Im Zuge dieser Entwicklung wird es immer weniger möglich, die hohen und wachsenden finanziellen Lasten des Wohlfahrtsstaates zu schultern.

Es war schon immer so: Je mehr man in den Genuss von Leistungen gelangen kann, die von anderen finanziert werden, desto rascher wachsen die Ansprüche. Niemand sollte daher erstaunt sein, dass der Wohlfahrtsstaat zu einem Fass ohne Boden geworden ist.

In höchstem Maße verwerflich sind die sich häufenden Missbräuche. Im Wohlfahrtsstaat haben sich unter anderem breit gemacht: freiwillige Arbeitslose, Schwarzarbeiter, «psychosomatisch» Kranke, denen man das nicht objektiv nachweisen kann, Schein-Invalide, leistungsfähige Frührentner sowie Subventionsjäger und -betrüger. Dazu kommen Aussteiger, die jede Leistung verweigern, obwohl sie gesund und leistungsfähig sind. Sie und andere leben zu Lasten jener Arbeitnehmer und Unternehmen, die den Wohlstand produzieren und hohe Steuer- und Soziallasten tragen müssen. Sie werden vom Wohlfahrtsstaat systematisch ausgebeutet – im Namen der Gerechtigkeit. Die Missbräuche aller Art haben zahlreiche Gründe. Der Zugang zu den Sozialleistungen wurde derart erleichtert, dass davon zunehmend Personen Nutzen ziehen, die darauf gar nicht angewiesen sind. Arbeitslose verdienen nicht selten so viel wie oder gar mehr als Erwerbstätige. Lohnfortzahlungen ohne Kontrolle leisten der «kurzen Krankheit» Vorschub. Im Extremfall ist eine zusätzliche Schicht erforderlich, um jene zu ersetzen, die zu Hause krankfeiern. Hält man die finanziellen Folgen von Missbräuchen von ihren Verursachern fern, so haben sie keinen Anlass, ihre unsozialen und illegalen Aktivitäten einzuschränken oder aufzugeben.

Der Wohlfahrtsstaat verteilt sozusagen an jedermann Geld, und zwar unkoordiniert und unabhängig vom individuellen Bedarf: Da gibt es Subventionen an Unternehmen und Branchen, die nicht bereit sind, sich dem wachstumsbedingten und erforderlichen Strukturwandel anzupassen. Da gibt es verbilligte Tarife aller Art, anstelle kostendeckender Gebühren, einen bunten Strauß von Sozialleistungen, finanziert über Steuern, anstelle von Beiträgen der Versicherten (Nutznießer), wuchernde Steuervergünstigungen, die von einer grassierenden Bürokratie vergeben und kontrolliert werden.

Damit erreicht man so viele Wähler, dass eine Mehrheit gesichert ist. Aber dieses System verankert den Wohlfahrtsstaat derart, dass er kaum noch angezweifelt und angetastet wird. Ihm ist es gelungen, die Menschen in seine Abhängigkeit zu bringen. Das ausführende Organ ist eine Sozialbürokratie, die sich als Wohltäter aufspielt und eine Wohlfahrtsdiktatur (R. Huntford) etabliert hat.

Der Wohlfahrtsstaat hat schon vor Jahrzehnten die Grenzen seiner Finanzierbarkeit überschritten. Jenseits der öffentlichen Schulden existiert eine «versteckte» Staatsverschuldung bei den verschiedenen Sozialversicherungen, die man besonders deutlich bei der gesetzlichen Rentenversicherung beobachten kann. Man hat Sozialleistungen verbindlich und langfristig zugesagt, die nicht durchfinanziert sind. Aus politischer Rücksichtnahme verzichtet man aber auf die erforderlichen Beitragserhöhungen oder gezielten Leistungskürzungen. Das segelt auch noch missbräuchlich unter «Soziale Marktwirtschaft». Chronische Defizite der Sozialversicherungen werden zunehmend mit Steuergeldern abgedeckt. Entsprechend nimmt der Druck auf bereits defizitäre Staatshaushalte zu. Da Steuererhöhungen unpopulär sind, geht der Staat auch hier den Weg des geringsten Widerstandes: Er verschuldet sich in wachsendem Ausmaß für Sozialleistungen. Entsprechend verschiebt er diese Lasten auf künftige Generationen. Das ist der definitive Einstieg in einen Teufelskreis, der letztlich nur im Staatsbankrott enden kann. Darunter werden jene am meisten zu leiden haben, die existenziell auf Sozialleistungen angewiesen sind.

3.6 Zuflucht zur Notenpresse

In Zusammenhang mit der «Kunst der Zentralbankpolitiker» (Hawtrey) spricht man auch vom «Retter in der Not», vom «letzten Kreditgeber» und (englisch) vom *Lender of last resort.* Dieser Ausdruck stammt vom französischen «dernier ressort». Es handelt sich um eine gerichtliche Instanz, wo keine Berufung mehr möglich ist. Gegen die Politik von unabhängigen Zentralbanken kann niemand aktiv werden und sie nicht an einer expansiven Geldpolitik, zu welchen Zwecken auch immer, hindern. In der englischen Version liegt die Betonung auf der Verantwortung des *letzten* Kreditgebers. Der letzte Kreditgeber wird aktiv, wenn es darum geht, die Massenflucht aus realen und illiquiden Vermögenswerten in Geld aufzuhalten. Dazu wird mehr Geld zur Verfügung gestellt. Der letzte Kreditgeber ist alles andere als unumstritten. Die entsprechende Entwicklung und Einschätzung in den letzten 250 Jahren kann man am besten bei Charles Kindleberger («Manien, Paniken, Crashs») nachlesen.

Nicht erst heute springt die Zentral- oder Notenbank ein, um das Finanzsystem vor dem Kollaps zu retten und die Zahlungsunfähigkeit von Staaten abzuwenden. Nach dem Zweiten Weltkrieg sprangen zuvor der IMF, die Bank für Internationalen Zahlungsausgleich (BIZ) und sogar die Weltbank ein, um das Schlimmste zu verhüten. Zugleich wurden auch noch zahlungsfähige Länder aktiv, um den Bankrott anderer, meist befreundeter Staaten abzuwenden. Das erwies sich aber nicht als ausreichend, um eine Kettenreaktion im Keim zu ersticken.

Der alles überragende Retter in der Not sind die Zentralbanken (geworden). Aus einer Übersicht von Charles Kindleberger (siehe sein Buch auf Seite 281 ff.) geht hervor, ob und wann der letzte Kreditgeber aktiv wurde. Die älteste Tradition weist die Bank of England auf, die zum ersten Mal 1720 aktiv wurde. Im Mittelpunkt des Interesses steht jedoch die Frage, wie die Zentralbanken sich während den großen Depressionen verhalten haben. Als die Depression von 1873 bis 1896 einsetzte, gab es 1873 keinen letzten Kreditgeber. Während der großen Depression der 1930er-Jahre hielt sich die amerikanische Zentralbank auffallend zurück. Es herrscht die einhellige Meinung, dass die Depression in beiden Fällen durch das Fehlen eines Retters in der Not verschlimmert wurde.

Jenen wenigen Ländern, die früher den Goldstandard hatten, waren die Hände weitgehend gebunden, um als Retter in der Not aktiv zu werden. Sie dürfen nur in einem bestimmten Verhältnis zu ihren physischen Goldbeständen Geld schöpfen. Das hinderte sie aber nicht daran, in extremen Situationen den Goldstandard aufzugeben, um über einen ausreichenden Handlungsspielraum für Rettungsaktionen zu verfügen. So gab Großbritannien den Goldstandard Anfang der 1920er-Jahre auf.

In den Mittelpunkt des Interesses rücken die USA. Sie banden den Dollar teilweise an das Gold, so besonders im Rahmen des Bretton-Woods-Abkommens von 1944. Als sie aber nicht mehr über genügend Goldbestände verfügten, um vom Ausland kommende Dollars gegen Gold einzutauschen, gaben sie 1971 die Goldbindung des Dollars auf. Die Schleusen für eine beliebige Geldschöpfung über die Notenpresse des FED wurden definitiv geöffnet. Hinfort gab es nur noch «Papiergeld», das man nach Lust und Laune vermehren konnte.

Forciert wurde die wundersame Geldvermehrung der umlaufenden Dollars besonders unter Alan Greenspan, von 1987 bis 2006 Chef des FED. Er ist auch bekannt als «Liebling der Wall Street», weil er stets jene Liquidität produzierte, die von der amerikanischen Finanzindustrie gewünscht wurde. Dieser Versuchung ist auch sein Nachfolger Bernanke erlegen. Unter ihm wurden die Geldschleusen spätestens ab 2008 in bisher unvorstellbarem Ausmaß geöffnet. Damals begann weltweit eine Geldvermehrung ab Notenpresse, über die USA hinaus unter anderem in Großbritannien und in Japan. Auch die Europäische Zentralbank sah sich gezwungen einzuspringen, um die Euroländer vor dem Kollaps zu retten. Immerhin ist hier eine Zurückhaltung zu verzeichnen, die man sonst vermisst. Doch mit der exzessiven Geldschöpfung ist das Fundament für eine spätere Inflation gelegt.

3.7 Inflation

Die Inflation (Geldentwertung) wird jeweils an der Entwicklung der Lebenshaltungskosten, dem Index der Konsumentenpreise, gemessen. Der «Geldschwund» ist alles andere als populär. Daher besteht die Versuchung, die entsprechenden Indizes zu manipulieren, weniger reale Geldentwertung auszuweisen als tatsächlich stattgefunden hat. Man findet diesen beliebten Mechanismus vor allem in den USA, wo die Konsumenten besonders empfindlich auf anhaltende Preissteigerungen reagieren.

Inflation beschränkt sich nicht auf den privaten Konsum. Man findet sie auch in anderen Bereichen der Wirtschaft, unter anderem bei Immobilien, Aktien und Rohstoffen aller Art. Die Preise werden spekulativ in schwindelerregende Höhe getrieben, obwohl es dafür kein reales Fundament gibt. Um diese Vorgänge zu beschreiben, hat sich die Ökonomie eines Alltagsbegriffs bedient: Man hat es mit «Blasen» zu tun, die immer wieder platzen und zu schmerzlichen Anpassungen nach unten führen. Dabei kommt es nicht nur zu Rezessionen, sondern auch zu anhaltenden Wirtschaftskrisen.

Voraussetzung für eine Inflation ist stets eine Aufblähung der Geldmenge gegenüber der realen Entwicklung der Wirtschaft. Man spricht in diesem Zusammenhang von der *Quantitätstheorie* des Geldes. Je nach dem Tempo der Preissteigerungen geht es um eine schleichende, eine galoppierende oder auch um eine Hyperinflation. Im letzten Fall verliert das Geld seine Funktion als Wertaufbewahrungs- und Tauschmittel. Am Ende wird eine Währungsreform unausweichlich. Allerdings: Hyperinflation tritt in der Regel nur während und/oder unmittelbar nach Kriegen auf.

Aus einem «Working Paper» des IMF, «Modern Hyper- and High-Inflation» von Stanley Fischer (und anderen), geht die sorgfältig recherchierte Geschichte der Inflation hervor. Hohe und Hyperinflation sind nicht immer eine kurze Episode in der ökonomischen Entwicklung von «Reichen» und Ländern; sie können jahrzehntelang andauern. Dazu einige extreme Beispiele: In der Spätantike dauerte die exzessive Inflation des römischen Imperiums 151 Jahre (151– 301), in Spanien 99 Jahre (1502–1600), im alten China 50 Jahre (1191–1240). Man hat es hier mit Staaten («Reichen») zu tun, die untergegangen sind. Hyperinflation gab es auch während der amerikanischen Revolution (1777–1780), der französischen Revolution (1790–1796), dem amerikanischen Bürgerkrieg (1861–1864), der mexikanischen Revolution (1913–1916) und in China (1938–1947). Dabei handelt es sich um Revolutions- und Kriegszeiten, nicht selten in Verbindung mit dem Nieder- und Untergang von Ländern und Reichen.

Sowohl in der deutschsprachigen als auch in der anglo-amerikanischen Literatur über die Hyperinflation greift man durchwegs auf die Entwicklung in Deutschland zwischen 1920 und 1923 zurück. Entsprechende Information findet man in Lexika und Handbüchern der Wirtschaft bis hin zu zahlreichen einzelnen Studien. Besonders aufschlussreich ist die Untersuchung von Thomas J. Sargent «The Ends of four big Inflations» aus dem Jahre 1981. Darin handelt er nicht nur Deutschland, sondern auch Österreich, Polen und Ungarn ab. Seine alles überragende Schlussfolgerung: Eine Hyperinflation kann mit einer Währungsreform nur durch die Schaffung einer von der Politik unabhängigen Zentralbank besiegt werden.

Von vorrangigem Interesse ist die Entwicklung nach dem Zweiten Weltkrieg, nachdem die ökonomische und finanzielle Lage sich stabilisiert hatte. Im IMF-«Working Paper» von Stanley Fischer (und anderen) wurden 161 Länder untersucht. Dabei kamen unter anderem folgende Ergebnisse heraus: Eine anhaltend hohe und Hyperinflation findet man seit 1957 in 131 Staaten und hier besonders in Lateinamerika und Afrika heraus. Man hat es dabei mit typischen Bankrotteuren zu tun. Dazu gesellen sich aber auch eine Reihe von asiatischen Ländern, die sich in Transformation befanden, um die Schwelle zur Industrienation erreichen und überschreiten zu können. Die Ursachen einer hohen Inflation liegen in einer schlechten gesamtwirtschaftlichen Entwicklung und einer «grenzenlosen» Vermehrung der Geldmenge via Notenpresse.

Der «Normalfall» der Betrachtung sind die OECD-Länder,

also industriell weit entwickelte Länder mit hohem Pro-Kopf-Einkommen: vor allem die USA, Japan, Deutschland, Großbritannien, Frankreich, Kanada und Australien. Dazu kommen eine Reihe von mittleren und kleinen europäischen Ländern, unter anderem die skandinavischen Staaten, die Niederlande, die Schweiz, Belgien und Luxemburg. Im OECD-Raum hielt sich die Inflation, mit nationalen Unterschieden, in Grenzen und bewegte sich im «schleichenden» Bereich. Selbst während der schweren Wirtschaftskrise der 1970er-Jahre übertrafen die Inflationsraten nur ausnahmsweise 10 Prozent je Jahr. Als die Volkswirtschaften sich wieder nachhaltig erholten, bildete sich die Inflation zurück. Zu einem Staatsbankrott ist es nirgendwo gekommen; das ist typisch für Friendenszeiten.

3.8 Währungsreform

Währungsreformen sind ein unerfreuliches Kapitel der Entwicklung der öffentlichen Finanzen. Man findet sie allerdings vor allem in «maroden» Ländern außerhalb der (alten) Industriestaaten. Eine Währungsreform ist eine (substanzielle) Neuordnung des Geldwesens. Sie findet regelmäßig als Abschluss einer anhaltend galoppierenden Inflation statt. Das verlorene Vertrauen in eine Währung muss wiederhergestellt werden, um die ökonomischen und finanziellen Aktivitäten in geordnete und nachhaltige Bahnen zu lenken. Dabei ist es entscheidend, die Ursachen zu beseitigen, welche in das Desaster geführt haben. Im Mittelpunkt steht hier die Notwendigkeit, die Finanzierung von (laufenden) Staatsausgaben über eine Geldschöpfung aufzugeben.

An einem repräsentativen und historischen Beispiel, namentlich der Währungsreform von 1948 in Deutschland, soll gezeigt werden, wie eine Währungsreform aussieht und abgewickelt wird.

Am 21. Juni 1948 wurde die Reichsmark, hervorgegangen aus der Währungsreform von 1923/24, als Zahlungsmittel durch die Deutsche Mark (DM) abgelöst. Sozusagen als Startgeld erhielt jede Person zunächst 40 DM, dann noch 20 DM im Umtausch von Altgeld im Verhältnis «eins zu eins». Unternehmen und Selbstständige erhielten 60 DM je Beschäftigte. Abgewickelt wurde die Währungsreform über die «Bank deutscher Länder», die ab 1957 Deutsche Bundesbank hieß. Diese war kurz zuvor als neue Notenbank mit dem Monopol der Ausgabe von Banknoten und Münzen gegründet worden. Die Münzhoheit ging 1950 an den Bund über.

Für den Umtausch der alten in die neue Währung war ein Verhältnis von zehn zu eins vorgesehen, demnach eine Deutsche Mark für zehn Reichsmark gegeben wurde. Aufgrund von Sonderregelungen resultierte schließlich eine Relation von 100 zu 6,5. Wiederkehrende, regelmäßige Leistungen, wie unter anderem Löhne, Mieten und Renten, wurden im Verhältnis von 10 zu 1 umgestellt. Die Währungsreform wurde zu einem durchschlagenden Erfolg, denn nur wenige Tage nach der Währungsreform wurden die staatliche Bewirtschaftung aufgehoben und die Preisvorschriften abgeschafft. Das verdankt Deutschland Ludwig Erhard, der mit seiner marktwirtschaftlichen Ordnung das Fundament für das deutsche «Wirtschaftswunder» legte.

Um einen Ausgleich zwischen Gewinnern und Verlierern zu schaffen, trat 1952 flankierend das Lastenausgleichsgesetz (LAG) in Kraft. Es hatte unter anderem zum Ziel, «... Deutschen, die infolge des Zweiten Weltkrieges und seiner Nachwirkungen Vermögensschäden oder besondere andere Nachteile erlitten hatten, eine finanzielle Entschädigung zu gewähren». Die Finanzierung erfolgte vorwiegend über eine Vermögensabgabe von 58 Prozent (Stichtag 21.6.1948). Allerdings gab es hier Ausnahmen und Ermäßigungen. Doch was auch immer geschah: Die Währungsreform von 1948 zeigt, dass man sich von der üblichen Vorstellung verabschieden darf, dass Währungsreformen mit einem Totalverlust für jedermann verbunden sind.

4 Grenzen der Verschuldung

Es ist zwar umstritten, wo die Grenzen der Staatsverschuldung liegen, aber gleichzeitig ist ständig davon die Rede, ihre Grenzen seien entweder erreicht oder gar überschritten. Dazu passt das Bonmot des deutschen Volkswirtschaflers Gottfried Bombach: «Niemand weiß, wo sie liegen, aber jeder weiß, dass sie erreicht sind.» Letztlich liegt das daran, weil zahlreiche Kriterien existieren, die etwaige Grenzen zu früh anzeigen. Zugleich kann die Zahlungsunfähigkeit hinausgeschoben werden. Eindeutig sind die Grenzen erst sicht- und fühlbar, wenn der Bankrott eingetreten ist. Dann ist es allerdings zu spät, man kann die Pleite nur zur Kenntnis nehmen. Somit ist es unverzichtbar, Kriterien zu entwickeln, die mit hoher Zuverlässigkeit Aussagen über die Grenzen der Verschuldung und als Vorlaufindikatoren ein rechtzeitiges Handeln ermöglichen.

Mit Sicherheit spielt es eine Rolle, ob der Staat sich im Inland oder im Ausland verschuldet. Dabei ist die Währung, ob «hart» oder «weich», zu berücksichtigen. Zu beachten ist auch die Struktur der Gesamtschulden, ob sie kurz-, mitten oder langfristig fällig werden. Nicht zuletzt hat auch die durchschnittliche Verzinsung eine Bedeutung.

Über die Grenzen der inländischen Schulden gehen die Meinungen diametral auseinander. So war der deutsche Staatswissenschaftler Otto Donner aus naheliegenden Gründen während des Zweiten Weltkrieges der Ansicht, für solche Schulden gäbe es keine Grenzen (er war während des Krieges Leiter der Forschungsstelle für Wehrwirtschaft der Dienststelle Vierjahresplan beim Reichswirtschaftsminister Hermann Göring). Wir würden diese uns selbst schulden, so die Logik dieses Gedankens, was uns weder ärmer noch reicher mache. Doch das ist eine radikale Fehleinschätzung, weil die Verschuldung zu einem Transfer von Lasten zwischen Einkommensschichten und Generationen führt. Das wirkt sich auf den Arbeitseinsatz, das Sparen, die Innovationen und Investitionen, demnach auf das gesamte wirtschaftliche Wachstum aus und ist unter anderem mit Rückwirkungen auf die Steuereinnahmen und den Verschuldungsbedarf verbunden.

In der Finanzwissenschaft werden zahlreiche (darunter auch völlig untaugliche) Kriterien verwendet, die auch kombiniert werden können. Selbst die absolute Höhe der Staatsschulden eines Landes sagt über den Grad der Gefährdung nichts aus, denn: Es ist ein gewaltiger Unterschied, ob es sich bei dem betreffenden Land um die USA oder um Luxemburg handelt. Dasselbe gilt auch im Inland zwischen Bundesländern, Provinzen, Kantonen oder Gemeinden. Die Verschuldung ist stets zu relevanten Größen in Beziehung zu setzen, um überhaupt Aussagekraft zu erlangen.

Es ist üblich, mit den Schulden je Einwohner, mit Pro-Kopf-Zahlen zu operieren. Solche Kriterien vermögen allerdings nichts über die Tragfähigkeit von Schulden auszusagen. Das gilt ebenso für nationale oder internationale Vergleiche. Die Pro-Kopf-Schulden liegen in den USA naturgemäß höher als in einem unterentwickelten Land. Ob und in welchem Ausmaß Schulden ein Problem darstellen, hängt unter anderem vom Entwicklungsniveau eines Landes ab. Die Reihe untauglicher Kriterien könnte ohne Weiteres fortgesetzt werden. Es ist aber produktiver, sich auf jene Kriterien zu konzentrieren, die allein und/oder in Kombination für die Bestimmung der Grenzen der Verschuldung relevant sind.

4.1 Verfassungsrechtliche Grenzen

Es ist nur folgerichtig, vorzusorgen, präventiv zu handeln, um potenzielle Bankrotte sozusagen im Keim zu ersticken. Dieses Ziel wird mit verfassungsrechtlichen Regelungen angestrebt. Man findet sie in zahlreichen Ländern und in verschiedenen Varianten. Die wichtigsten unter ihnen werden im Folgenden skizziert.

Entscheidend ist die Unabhängigkeit der Noten- bzw. Zentralbanken. Damit werden diese dem Einfluss von Regierungen, insbesondere dem Finanzministerium, entzogen. Die Zentralbank hat die ausschließliche Pflicht, die Währung zu hüten und für Stabilität zu sorgen. Faktisch sind die Notenbanken, wenn überhaupt, selten autonom. Wo sie grundsätzlich unabhängig sind (zum Beispiel in der Schweiz), sind sie oft gleichwohl verpflichtet, auf die wirtschaftliche Entwicklung Rücksicht zu nehmen und in dieser Beziehung mit der Regierung zu kooperieren. Damit ist unter anderem die Gefahr verbunden, dass sie in der Rezession eine expansive Geldmengenpolitik betreiben, die mit einer zeitlichen Verzögerung zur Inflation führen kann.

Deshalb muss auch prinzipiell unterbunden sein, dass die Notenbank dem Staat direkt Kredite gewährt und entsprechend die Notenpresse in Bewegung setzt. Eine mildere Variante ist die Vorgabe eindeutiger Grenzen für die Kreditgewährung an die verschiedenen Staatsebenen. Verfügt die Notenbank aber über einen Ermessensspielraum, so kann dieser missbraucht werden. Das geschieht unter anderem über die Besetzung der Notenbank-Gremien im Allgemeinen und des Präsidenten im Besonderen.

Darüber hinaus ist es möglich und üblich, Vorschriften über die zulässigen Defizite der öffentlichen Hand zu erlassen. So gibt es zum Beispiel in der europäischen Union die Vorgabe, die nationalen Haushaltsdefizite dürften nicht mehr als 3 Prozent des BIP betragen.

Zugleich wird oft ein verbindlicher Zeitraum angegeben, in dem Überschreitungen abzubauen sind. Um dabei sicher zu verfahren, werden Regeln formuliert, nach denen es zu einem automatischen Abbau und zu entsprechenden Kürzungen von Ausgaben kommt. Das ist unverzichtbar, wenn das Parlament sich als unfähig erweist, die vorgegebenen Grenzen einzuhalten. Ein typisches Beispiel für eine solche Regel ist der «Gramm-Rudman-Hollings Act» der 1980er-Jahre in den USA. Er hat jedoch sein Ziel, einen ausgeglichenen Haushalt zu realisieren, verfehlt.

Möglich ist auch ein Verbot von Defiziten. Der Haushalt muss nach der «klassischen Regel» jährlich ausgeglichen werden. Man nennt das auch «gesunde» Finanzen oder die Finanzpolitik des «guten Hausvaters». Ferner kann man auch vorsehen, Schulden parziell oder ganz zu tilgen. Die Schweiz kennt einen solchen Verfassungsartikel aus dem Jahre 1958. Das Land hat sich jedoch nie daran gehalten; die Schulden sind im Trend und am BIP langfristig angestiegen.

Ferner kann es sinnvoll und notwendig sein, in der Verfassung zu verankern, wofür sich der Staat verschulden darf. So kennt Deutschland eine Regelung im Grundgesetz, wonach die Nettoverschuldung «die Summe der im Haushaltsplan veranschlagten Ausgaben für Investitionen nicht überschreiten» darf. Um Missbräuche zu verhindern, ist eine hieb- und stichfeste Definition der Investitionen unverzichtbar. Sonst ist mit einer darüber hinausgehenden Verschuldung über die Aufweichung des Begriffes der Investitionen zu rechnen.

4.2 Frühindikatoren

Kann die Finanzpolitik nicht sofort und simultan, sondern nur verzögert handeln, so ist sie auf Frühindikatoren angewiesen. Diese erlauben, antizipatorisch zu agieren, einer unerwünschten späteren Entwicklung zuvorzukommen und die Entstehung von Schuldenproblemen zu vermeiden.

Wenn dieses Ziel verfehlt wird, so sind Spätindikatoren an der Reihe. Sie zeigen an, ob eine Eskalation der Verschuldung im Gange ist. Es ist aber auch möglich, dass Frühindikatoren Fehlsignale geben und die Situation sich von selbst entschärft. Unter solchen Voraussetzungen ist eine Faustregel hilfreich, die sich über den ganzen Konjunkturzyklus erstreckt. In einer Rezession nimmt die Verschuldung als Reflex der wirtschaftlichen Entwicklung zu. Bildet sich der entsprechende Indikator im Laufe eines Aufschwungs nicht zurück, so ist eine erhöhte Alarmbereitschaft angesagt. Ist die Verschuldung am Ende höher als am Anfang eines Konjunkturzyklus, so handelt es sich nicht mehr um ein vorübergehendes Phänomen. Die meist konjunkturell bedingte Zusatzverschuldung ist nicht mehr konjunktureller, sondern struktureller und damit dauerhafter Natur.

Eine Frühindikation liegt vor, wenn die Steuereinnahmen, ausgehend von einem Budgetüberschuss, langsamer als die Ausgaben wachsen. Setzt sich diese Entwicklung fort, nehmen die Überschüsse ab und verwandeln sich schließlich in Defizite, sie nehmen strukturellen Charakter an und bedürfen fundamentaler Reformen.

Ein anderer Frühindikator ist die Relation zwischen der prozentualen Veränderung der Zinsausgaben und jener der Steuereinnahmen. Man spricht hier vom relativen Schuldendienstkoeffizienten. Solange die Zuwachsrate der Zinszahlungen unter jener der Steuereinnahmen bleibt, gilt eine zusätzliche Verschuldung als unbedenklich. Das ändert sich, wenn dieser Koeffizient auf eins steigt. Geht er darüber hinaus, so ist der absolute Schuldendienstkoeffizient zu beachten. Dabei geht es um die Relation zwischen absoluten (zahlenmäßigen) Veränderungen der Zinsausgaben und jenen der Steuereinnahmen. Erhöht sich dieser Koeffizient, so liegt eine Spätindikation vor. Ist ein Wert von eins erreicht, so werden die zusätzlichen Steuereinnahmen in voller Höhe von zusätzlichen Zinszahlungen absorbiert. Es bleibt nichts für die Finanzierung zusätzlicher anderer Ausgaben übrig.

Ein dritter Frühindikator ist die Entwicklung der Relation zwischen öffentlichen Investitionen und den Defiziten. Nimmt der Überschuss der Investitionen ab, so nähert man sich einem Gleichgewicht zwischen Investitionen und Defiziten. Der Koeffizient sinkt auf eins. Ohne Gegensteuer verschuldet sich der Staat hinfort für laufende Ausgaben, und aus einem Früh- wird ein Spätindikator, der anzeigt, dass der Haushalt entsprechend zu Lasten künftiger Generationen lebt.

Bei einem vierten Frühindikator geht es um das Verhältnis

zwischen den Defiziten und dem freiwilligen Sparen der privaten Haushalte. Je größer dieser Koeffizient ist, desto weniger werden öffentliche Investitionen über den Kapitalmarkt mit inländischen Ersparnissen finanziert. Erhöht sich dieser Koeffizient auf eins, so liegt erneut ein Spätindikator vor. Nun können zusätzliche Defizite nur noch über den Import von Kapital bestritten werden, die Auslandsabhängigkeit nimmt entsprechend zu.

Bei einem fünften Kriterium, dem Primärsaldo, liegt ein Spätindikator vor. Man klammert die Zinszahlungen auf die bestehenden Schulden aus und zieht diese von den laufenden Ausgaben ab. Diese zinsbereinigten Ausgaben werden zu den laufenden Einnahmen in Beziehung gesetzt. Sind diese Ausgaben kleiner als die Steuereinnahmen, so liegt ein positiver Primärsaldo vor. Ist er aber rückläufig oder gar negativ, so ist die Frage nach der Tragfähigkeit der Defizite im Allgemeinen und der gesamten Staatsschuld im Besonderen gestellt. Um darauf eine schlüssige Antwort geben zu können, sind zusätzliche Indikatoren einzuschalten.

4.3 Grenzen in der Umverteilung

Die Staatsschuld hat weitreichende Auswirkungen auf die Einkommensverteilung. In der traditionellen Sichtweise ist es unsozial, wenn die Einkommensverteilung ungleichmäßiger wird. Daher strebt man seit über hundert Jahren den Abbau von Einkommensunterschieden an. Das sei sozial erwünscht und notwendig, um politische Spannungen zu vermindern oder gar zu vermeiden; es gehe um die Stabilität des politischen Systems. In der politischen Praxis hat das zu einer gigantischen

Umverteilung von Einkommen und Vermögen über den Steuer- und Sozialstaat geführt. Die Nivellierung von Einkommen hat den Anreizen, zu arbeiten, zu sparen, zu innovieren und investieren, dauerhaften Schaden zugefügt und ist zu einer Wachstumsbremse geworden.

Der traditionelle Transferansatz geht davon aus, dass die mittleren und oberen Einkommensschichten Staatsanleihen kaufen und halten, um Zinsen zu kassieren. Zugleich wird angenommen, die dafür erforderlichen Steuern würden überwiegend von den unteren, breiten Einkommensschichten stammen. Dabei kommt es zu einer Umverteilung von unten nach oben, was sozialpolitisch verwerflich ist. Je mehr sich der Staat verschuldet und je höher die Zinsen liegen, desto ungleichmäßiger wird die Einkommensverteilung. Man nähert sich so den Grenzen der Verschuldung: Es kommt zu einer Gesellschaft – so der Gedanke –, in der die einen als Rentner von Zinsen auf die Staatsschulden leben, die anderen dafür arbeiten und Steuern zahlen müssen. Das wird als soziales Ärgernis empfunden. Um dem Rechnung zu tragen, darf sich der Staat nicht «grenzenlos» verschulden. Er muss seine Ausgaben vermehrt mit Steuern finanzieren. Um hier die unteren Einkommensschichten möglichst zu schonen, wären vorwiegend direkte Steuern mit einer scharfen Progression zu erheben. Das Ziel ist eine Umverteilung «von oben nach unten».

Doch dieser Transferansatz ist zu grob und bedarf einer Differenzierung. Im Normalfall dominieren die direkten Steuern; sie haben einen progressiven Tarif, und die Spitzensätze liegen in der Regel jenseits der 50-Prozent-Schwelle. Wenn die direkten Steuern nicht überwälzt, sondern von den mittleren und oberen Einkommensschichten selbst getragen werden, ist der

Umverteilungseffekt so gering, dass keine Grenzen der Verschuldung vorliegen. Diese Einkommensschichten finanzieren als Gruppen ihre Zinsen weitgehend selbst.

Dominieren dagegen die indirekten Steuern (unter anderem die Mehrwertsteuer) und werden sie auch noch überwälzt, so treffen sie die unteren Einkommensschichten überproportional und haben entsprechend eine regressive Wirkung. Im Extremfall tragen vor allem sie die Zinslasten, die Umverteilung wird zu einer relevanten Grenze der Verschuldung. In der Praxis werden die Güter (und Dienstleistungen) des lebensnotwendigen Bedarfs geschont oder mit einem verminderten Satz der Mehrwertsteuer belastet. Damit wird eine regressive Wirkung vermieden, und die effektive Lastenverteilung ist proportional. Die Umverteilung von unten nach oben schwächt sich ab und verliert an sozialpolitischer Brisanz.

Der übliche Transferansatz ist um eine weitere Dimension zu ergänzen. Es stellt sich die Frage, welche Anlagen Investoren tätigen, wenn sie keine Staatsanleihen kaufen. Wahrscheinlich wenden sie sich unter anderem Anleihen privater Schuldner (also Unternehmensanleihen), dem Festgeld oder den Aktien zu. Solche Anlagen werfen Erträge ab, welche ebenfalls die Einkommensverteilung beeinflussen. Letztlich kommt es daher auf den Unterschied in den Erträgen aus Anlagen in privaten und im öffentlichen Sektor an. Maßgebend ist die Differenz. So gesehen verliert die Umverteilung derart an Bedeutung, dass man sie in der Regel vernachlässigen darf.

Ein Sonderfall ist eine hohe und wachsende Verschuldung in einer stagnierenden oder gar schrumpfenden Volkswirtschaft. Es geht um das Phänomen der säkularen Stagnation, das John M. Keynes in den 1930er-Jahren im Auge hatte. Das zentrale

Problem ist dabei die sogenannte «Rentnergesellschaft». Investoren meiden den risikoreichen privaten Sektor und bevorzugen in der Regel sichere und regelmäßig rentierende Staatsanleihen. Sie leben lieber von Zinsen, als selbst erwerbsmäßigen Aktivitäten nachzugehen. Das überlassen sie jenen, die aus breiten Einkommensschichten stammen und arbeiten müssen, um leben zu können. Unter solchen Voraussetzungen kommt es tatsächlich zu einer problematischen Umverteilung von Einkommen von unten nach oben. Die Verschuldung erweist sich als Wachstumsbremse, die Fähigkeit, Schulden zu tragen, lässt nach. Im Zuge dieser Entwicklung können Grenzen der Verschuldung nicht nur erreicht, sondern auch überschritten werden.

4.4 Situationsbedingte Grenzen

Während die klassische Finanzwissenschaft jene Vorgänge definiert hat, bei denen sich der Staat verschulden darf, weil er demnach «objektbezogen» vorgeht, orientiert sich die Finanzpolitik seit den 1930er-Jahren an der wirtschaftlichen, insbesondere konjunkturellen Entwicklung: Sie handelt «situationsbezogen».

Hier können eindeutige Grenzen ausgemacht werden. Sich in der Rezession ergebende Defizite sind im Laufe des folgenden Aufschwungs durch Überschüsse auszugleichen. Am Ende des Konjunkturzyklus muss die Netto-Verschuldung null betragen. Wenn das nicht gelingt, wird die Grenze zwischen konjunkturellen und strukturellen Defiziten überschritten.

Nun ist es nicht nur denkbar, sondern auch möglich, dass die Wirtschaft sich konjunkturell nicht erholt und – aus welchen Gründen auch immer – der Aufschwung ausbleibt. Die Wirtschaft stagniert oder wächst langfristig nur schwach. Es kommt weder zur vollen Auslastung der Produktionskapazitäten noch zur Beschäftigung aller Arbeitskräfte. Unter solchen Voraussetzungen – der säkularen Stagnation – kann man argumentieren, es sei notwendig, permanent Defizite in Kauf zu nehmen, um die gesamtwirtschaftliche Entwicklung anzuregen. Das mag zwar kurz- und mittelfristig durchaus richtig sein, aber langfristig stößt eine solche Defizitpolitik an Grenzen.

Zum einen ist sie nicht mehr finanzierbar, zum anderen vermag sie die Wirtschaft nicht auf Wachstumskurs zurückzubringen. Die einzige Alternative dazu ist eine angebotsorientierte Wirtschaftspolitik. Sie setzt bei den Anreizen zum Arbeiten, Innovieren und Investieren an. Zugleich baut sie die Verschuldung systematisch ab.

Betrachten wir weitere situationsbezogene Vorgänge:

Kriege sind, wie die historische Erfahrung zeigt, ein Standardfall der Verschuldung. Die Staatsausgaben im Allgemeinen und die Militärausgaben im Besonderen steigen sprunghaft an und stoßen mit ihrem immer höheren Anteil am BIP in neue Dimensionen vor. Es ist für den Staat steuertechnisch meist auch nicht möglich, auf Kredite zu verzichten, denn Steuerfriktionen sind möglichst zu vermeiden. Massive Steuererhöhungen schwächen nämlich die Kriegsbegeisterung der Bevölkerung und leisten illegalen Aktivitäten Vorschub. Zudem gilt das Argument, es sei ungerecht, die Kriegsgeneration voll mit Steuern zu belasten. Die Aufnahme von Krediten mache es möglich, die Finanzierungslasten auf spätere Generationen zu verschieben. Die Grenzen der Staatsverschuldung werden aber jeweils überschritten, wenn die Notenpresse in Bewegung gesetzt wird, um Kriege mit Geldschöpfung zu finanzieren. Es entsteht ein bedrohlicher Nachfrageüberhang, der nach dem Krieg zu einer Hyperinflation führen kann.

Ein weiterer situationsbezogener Fall sind Investitionsspitzen, so besonders in kleinen und mittleren öffentlichen Gebietskörperschaften. Baut eine kleine Gemeinde zum Beispiel ein Schulhaus, so ist es weder möglich noch sachgerecht, auf Kredite zu verzichten. Die Grenzen der Verschuldung werden erst überschritten, wenn das Objekt zu groß dimensioniert und zu teuer ist und die Folgekosten nicht zu verkraften sind. Dasselbe kann auch eintreten, wenn ein Land den Ausbau der Infrastruktur über Jahrzehnte forciert und langfristig Überkapazitäten produziert. Grenzen der Verschuldung können also nicht nur bei laufenden Ausgaben, sondern auch bei Investitionen in die Infrastruktur erreicht und überschritten werden.

4.5 Grenzen in der Kreditfähigkeit

Letzten Endes bestimmen Banken, Broker und Investoren, in welchem Ausmaß und zu welchen Bedingungen sich Staaten verschulden können. Erblickt man in den «Vermittlern» die Drehscheibe der Verschuldung, so folgt daraus zwingend, dass sie am weltweiten Schuldenproblem nicht unbeteiligt sind. Ohne sie geht so viel wie nichts; deshalb würde es auch an ihnen liegen, der Verschuldung Grenzen zu ziehen.

Eine wichtige Rolle bei der Einschätzung der Kreditfähigkeit spielen die amerikanischen Rating-Agenturen. Diese bewerten regelmäßig öffentliche und private Schuldner. Ein erstes Warnzeichen leuchtet auf, wenn (alte) Industrieländer die Bewertung «AAA» verlieren, demnach in der Bonität zurückgestuft werden. Die OECD beurteilt ihre Mitglieder jeweils im jährlichen Länderbericht. Dieser befasst sich unter anderem mit den öffentlichen Finanzen im Allgemeinen und mit der Verschuldung im Besonderen. Die dabei verteilten Noten stoßen auf erhebliche Beachtung. Zu welchen Konsequenzen sie führen, ist jedoch eine offene Frage. Von globaler Bedeutung ist die Beurteilung durch den IMF, dem nahezu alle Staaten angehören. Nicht selten gewährt der IMF den in Schwierigkeiten geratenen Staaten finanzielle Hilfe. Diese erfolgt mit bestimmten Auflagen, die sichern sollen, dass sich die ökonomische Situation nachhaltig verbessert.

Staatsanleihen müssen nach Zinsen, Laufzeiten und Emissionskursen marktgerecht gestaltet werden, um sie platzieren zu können. Je besser die Bonität eines Schuldners ist, desto länger sind die Laufzeiten, umso niedriger ist die Rendite und desto knapper werden die Emissionsbedingungen gestaltet. Eine sinkende Bonität ist mit höheren Zinsen, kürzeren Laufzeiten und ungünstigen Kursen verbunden. Dahinter steckt eine Eigendynamik, welche das schrittweise Erreichen der Grenzen der Verschuldung sichtbar macht.

Die Grenzen der inländischen Verschuldung können einige Zeit überspielt werden, indem man sich im Ausland verschuldet. Das geschieht in der Regel nur in fremden, härteren Währungen.

Zinsen und Tilgungen fließen ins Ausland ab. In dem Maße, wie die eigene Währung an Schwund leidet, steigt die Last der Auslandsverschuldung. International orientierte Anleger achten auf die Ratings von US-Agenturen, IMF und OECD. Sie investieren nicht aus patriotischen Gründen in Anleihen des eigenen Heimatlandes, wenn die Qualität nicht stimmt, und sind auch nicht bereit, Quellensteuern in Kauf zu nehmen; sie ziehen folgerichtig quellensteuerfreie Eurobonds vor.

Es wird meist übersehen, dass der Staat sich auch des Zwangskredits bedient, wenn die heimischen Anleger nicht im erwünschten Ausmaß freiwillig Anleihen zeichnen. Das ist nicht nur in Krisen- und Kriegszeiten üblich. Der Staat greift auch in «normalen» Zeiten darauf zurück, wenn er an die Grenzen der Verschuldung gestoßen ist. So kann er sich um radikale Sparmaßnahmen drücken. Diese Kreditbeschaffung ist nur im Inland möglich und stellt die *ultima ratio* dar, sozusagen die letzte Zuflucht. Es ist daher entscheidend zu wissen: Die Grenzen der Auslandsverschuldung werden viel rascher erreicht als jene der inländischen Verschuldung.

4.6 «Grenzverschiebungen»

Die Grenzen der Verschuldung können durch Auswirkungen bestimmter Verwendungszwecke – zum Beispiel auf das Brutto-Inlandprodukt – verschoben werden. Dabei stellt sich die Frage, ob und in welchem Ausmaß kreditfinanzierte Staatsausgaben sich als wachstumsfördernd oder -hemmend erweisen. Sind sie produktiv, stärken sie das BIP und die Fähigkeit, Schulden zu tragen.

Verschuldet sich der Staat für Investitionen, so ist sowohl eine direkte als auch eine indirekte Rentabilität möglich. Im ersten Fall kommt es zu Erträgen, die ausreichen, um zu verzinsen und zu tilgen. Bei Investitionen mit Umweg-Rentabilität fallen zwar keine direkten Erträge an, sie können dennoch das BIP positiv beeinflussen. Es kommt zu zusätzlichen Steuereinnahmen, die für den Schuldendienst bereitstehen. Priorität ist den Investitionen in die unternehmensorientierte Infrastruktur einzuräumen. Diese stehen in einem komplementären Verhältnis zu den privaten Investitionen, sind demnach grundsätzlich wachstumsfördernd. Anzustreben ist eine optimale Relation zwischen öffentlichen und privaten Investitionen, um eine Über- oder Unterversorgung mit Infrastruktur zu vermeiden.

Problematisch sind die Investitionen in die konsumtive Infrastruktur, sie verhalten sich komplementär zum privaten Konsum. Dazu gehören unter anderem Leistungen des Erziehungs- und Gesundheitswesens zugunsten der nicht mehr erwerbstätigen Bevölkerung. Sie bewirken keine Verbesserung des Arbeits- und Kapitaleinsatzes und des technischen Fortschritts und erhöhen daher das BIP nicht. Ein anderer Bereich ist das öffentliche Angebot an Freizeit- und Kulturanlagen. Diese sind meist hoch defizitär und nicht selbsttragend. Dazu kommen Subventionen an Unternehmen und die Sozialversicherung. Solche Ausgaben produzieren keine investiven Gegenwerte und werfen keinen finanziellen Ertrag ab. Je mehr der Staat solche Ausgaben forciert, desto rascher nähert er sich den Grenzen der Verschuldung.

Verschuldet sich der Staat bei Vollbeschäftigung, so läuft er Gefahr, private Investitionen zu verdrängen, einen *crouding out effect* zu erzeugen. Private Investitionen werden durch Staatsausgaben ohne oder mit geringerer Produktivität ersetzt. Das schwächt per Saldo das BIP und damit die Fähigkeit, Schulden zu tragen.

In den 1960er-Jahren rückten die Produktivitätseffekte der Staatsausgaben in den Mittelpunkt der volkswirtschaftlichen Beurteilung der Verschuldung. Danach darf sich der Staat in dem Maße verschulden, als sich dabei das BIP erhöht. Dann stimmen die monetären und realen Effekte überein, die Verschuldung erfolgt inflationsfrei. Unter solchen Voraussetzungen darf man sogar die Notenbank einschalten und Staatsausgaben in Höhe ihrer Produktivitätswirkungen über Geldschöpfung finanzieren.

Diese auf den ersten Blick bestechende Konzeption hat aber zwei grundlegende Schwächen. Zum einen ist es faktisch nicht möglich, die Produktivitätseffekte zuverlässig zu quantifizieren. Zum anderen könnte man die Notenbank missbrauchen, um sich mehr zu verschulden, als nach den Produktivitätswirkungen zulässig ist.

4.7 Grenzen im Brutto-Sozialprodukt

Zinsen und Tilgungen müssen aus dem BIP bestritten werden. Die Last ist umso größer, je mehr sich der Staat verschuldet und je höher die Zinsen sind. Daher ist es sinnvoll and notwendig, den Schuldenstand zum jährlichen BIP in Beziehung zu setzen und daraus die Schuldenquote zu errechnen. Als Erster hat der amerikanische Ökonom E. D. Domar (1914 –1997) bereits 1944 die Schulden relativiert. Er ging der Frage nach, ob und inwiefern eine chronische Neuverschuldung gesamtwirtschaftlich tragbar sei. Dabei nahm er an, die Zinsen würden ausschließlich über zusätzliche Steuern finanziert. In seinem Modell geht er von einem konstanten Preisniveau, einem stabilen Realzins und einer unveränderten Sparquote des privaten Sektors aus.

Unter solchen Bedingungen strebt die Schuldenquote in einer wachsenden Wirtschaft bei einem ständigen Deficit-spending auf einen bestimmten Grenzwert zu, schießt aber nicht über alle Grenzen hinaus. Solange die Wirtschaft wächst, steigt die Steuerbelastung zugunsten der Zinsfinanzierung nicht unendlich, sondern nähert sich einem *fairly reasonable limit.* Entscheidend ist das reale Wachstum, also ob das reale BIP schrumpft, stagniert oder zunimmt. Domar bringt es auf den Punkt: *The problem of the debt burden is essentially a problem of achieving a growing national income.* – Auf das wirtschaftliche Wachstum kommt es an!

Hat man die Schuldenquote einzelner Länder vor sich, so stellt sich die Frage, welcher Prozentsatz am BIP ist «richtig». Darauf gibt es a priori keine allgemeingültige Antwort. Was für den einen Staat tragbar ist, ist für einen anderen eine Bedrohung. In einem dritten Land kann die gleiche Verschuldung die Zahlungsunfähigkeit oder sogar den Bankrott bedeuten. Mithin sind zum Beispiel die Vorgaben in der Europäischen Währungsunion, nämlich 60 Prozent Schulden und 3 Prozent Defizit am BIP, nichts anderes als eine durchschnittliche Norm. Sie erlaubt keine Aussagen darüber, ob die Grenzen der Verschuldung in einzelnen Staaten erreicht oder gar überschritten wurden.

4.8 Grenzen im Schuldendienst

Zinsen und Tilgungen ergeben zusammen den Schuldendienst. Er ist die strategische Variable der Verschuldung. Die Grenzen sind spätestens dann erreicht, wenn Schuldner weder Zinsen zahlen noch fristgerecht tilgen können. Nun muss nach Auswegen aus der Schuldenkrise gesucht werden. So kommt es unter anderem zu vorübergehenden Moratorien; Schulden werden dominant nach Laufzeiten restrukturiert (die Rückzahlungsdauer wird verlängert). In der Regel pumpt man «frisches» Geld hinein, um jenen auf die Beine zu helfen, auf die man nicht verzichten möchte.

Wie funktioniert der Schuldendienst? Es ist nicht üblich, Schulden zu tilgen. Laufen Anleihen aus, so werden sie durch neue ersetzt (refundiert). Dieser Vorgang muss allerdings marktkonform erfolgen, wobei sich Zinsen und Laufzeiten nach den Währungen und dem allgemeinen Vertrauen in sie richten. Je schlechter das Rating eines Landes ist, desto höher sind die Zinsen und desto kürzer die Laufzeiten.

Damit sind zumindest zwei Effekte verbunden: Je kürzer die Laufzeit der Gesamtschulden ist, desto rascher nähert man sich dem Tag, ab dem die ganze Schuld in relativ wenigen Jahren fällig wird. Der Schuldner läuft definitiv auf einen Engpass in der Refundierung seiner Schulden zu und riskiert, dass die Anleihen nicht mehr voll gezeichnet werden. Im Extremfall findet er niemanden mehr, der die notwendigen Emissionen durchführt. In dieser Situation bleibt dem Staat nichts anderes übrig, als sich für tilgungsunfähig zu erklären und damit im Grunde genommen die erste Stufe des Staatsbankrotts zu verkünden.

Nun rückt der Zinsendienst in den Mittelpunkt. In dem Maße, wie sich die Bonität der Schuldner verschlechtert, müssen sie hohe und steigende Zinsen bieten, um sich weiter verschulden zu können. Das leitet meist eine Dynamik ein, die kaum zu bremsen ist. Die Zinsen schießen über die nominelle Wachstumsrate des BIP hinaus, die Schulden nehmen zinsbedingt zu. Ist auch der Primärsaldo defizitär, so zahlt der Staat einen wachsenden Prozentsatz seiner Zinsen über eine Neuverschuldung. Der Prozentsatz, den Zinszahlungen von den laufenden Einnahmen belegen, nimmt zu. Es bleibt immer weniger für andere Staatsausgaben übrig, der Handlungsspielraum schmilzt dahin. Wenn es dann nicht gelingt, die Staatsausgaben kurzfristig radikal zu senken, um aus dem defizitären Primärsaldo herauszukommen, so steht der Staat unmittelbar vor der Zahlungsunfähigkeit. Ein solcher Bankrott ist von weit größerer Tragweite als die Unfähigkeit zu tilgen. Doch schon zuvor werden sich die Organe des Staates überlegen müssen, ob und wie er mit den in- und ausländischen Gläubigern umzugehen gedenkt.

Am größten ist der Handlungsspielraum bei den inländischen Schulden. Der Staat kann eigenes Geld produzieren, Schulden über die Notenpresse und die daraus resultierende Inflation «weginflationieren» lassen, der krönende Abschluss wird durch eine Währungsreform gebildet. Um das alles zunächst zu vermeiden, kann sich der Staat des Zwangskredites bedienen: Er zwingt seine wohlhabenden Einwohner, Staatsanleihen zu kaufen und auch zu behalten.

Die historische Erfahrung zeigt, dass jeder Staat stets den Weg des geringsten Widerstandes geht. Er verschuldet sich immer wieder, um Ausgaben – unter Umgehung des Steuerwiderstandes – finanzieren zu können. Das gelingt ihm sogar regelmäßig, mit wechselnden Argumenten Geldgeber von der Notwendigkeit und Nützlichkeit der Verschuldung zu überzeugen. In der Regel verschulden sich Staaten, unabhängig von ihrer politischen Orientierung, bis zum Ruin. Daher gilt, wie früher ausgeführt: Die Geschichte der öffentlichen Finanzen ist jene der Bankrotte. Sie reicht vom Altertum bis in die Gegenwart.

5 Schulden heute

Im Laufe der Finanzkrise ab 2007 hat sich die Aufmerksamkeit weg von den traditionellen Bankrotteuren aus Lateinamerika und hin zu den alten Industrieländern verlagert. Man konzentriert sich auf die OECD-Länder, die in Westeuropa, Nordamerika und Ost-Asien bis hin nach Australien angesiedelt sind. Alle haben sich mit atemberaubendem Tempo verschuldet, um das globale Finanzsystem vor dem Kollaps zu bewahren. Die entsprechenden Schlagzeilen erzeugen Ängste unter anderem bei Sparern und Anlegern. Nicht wenige leben in der Sorge, in einem Kollaps der Staatsfinanzen wirtschaftlich unterzugehen und alles zu verlieren, was sie ein Leben lang erarbeitet haben. Es ist nicht zu übersehen, dass hier die USA, Japan, Frankreich, Großbritannien, Italien und Deutschland im Mittelpunkt des Interesses liegen. In Deutschland reagiert man besonders empfindlich auf zerrüttete Staatsfinanzen, denn die einschneidenden Währungsreformen 1923 und 1948 waren Zäsuren nach (und auch vor) großen Katastrophen.

Die öffentliche Aufmerksamkeit konzentriert sich auf die Problematik der Staatsschulden. Doch zu berücksichtigen ist auch eine Reihe von anderen Bereichen. So geht es unter anderem um die Schulden der privaten Unternehmen. Gerade in jüngster Zeit zeigte es sich unübersehbar, dass zahlreiche Unternehmen, nicht nur aus der Finanzindustrie, sich über Gebühr verschuldet haben. Der Staat und die Notenbanken mussten in historischem Ausmaß eingreifen, um den Kollaps von volkswirtschaftlich relevanten Unternehmen zu verhindern. Weiterhin sind private Haushalte, nicht nur die amerikanischen, in bedrohlichem Ausmaß verschuldet. Schlagzeilen produzierte die «Kreditkarten-Krise»; denn Konsumenten hatten sich mit Konsumkrediten übernommen und sahen keine Möglichkeit mehr, sie zurückzuzahlen. Nicht wenige sehen sich gezwungen, persönlichen Konkurs anzumelden. Mit der erneuten Immobilienkrise in den USA tauchte ein weiteres Problem wieder auf, nämlich die Ansammlung der Schulden (Hypotheken), die jene eingegangen waren, die ihren Traum eines Eigenheimes verwirklichen wollten. Auch hier hatten sich viele Menschen massiv übernommen und mussten dann zusehen, wie die Hypothekarbank das Haus übernommen und liquidiert hat. Nun wurde man, was man nie wollte: Mieter statt Eigentümer.

Darüber hinaus existiert eine «versteckte» Staatsverschuldung, nämlich die staatliche Sozialversicherung. Und damit ist hier die Arbeitslosen-, die Kranken-, die Invaliden- und die gesetzliche Rentenversicherung gemeint. Letztere ist das eigentliche Problem, denn hier wurden langfristige, sogar lebenslange Leistungen zugesagt, die nicht durchfinanziert sind. Letztlich ist der Staat dafür verantwortlich. Er hat also eine zusätzliche Verantwortung übernommen, weshalb es sachgerecht ist, von Quasi-Staatsverschuldung zu sprechen. In dem Maße, wie zusätzliche Beiträge und/oder Leistungskürzungen ausbleiben, deckt der Staat solche Defizite ab. Je länger, je mehr wird er sich auch dafür verschulden.

Ordnungspolitisch gibt man der privaten gegenüber der öffentlichen Vorsorge den Vorzug: Hier wird nicht auf das Umlageverfahren, sondern auf das Kapitaldeckungsverfahren gesetzt. Aber die entsprechenden «Einzahlungen» in Form von Prämien oder Beiträgen müssen permanent angelegt werden. Damit ist diese Vorsorge auf Gedeih und Verderb der Entwicklung der Finanzmärkte ausgesetzt. Schon deshalb vermag es nicht zu erstaunen, dass sich hier Finanzierungslücken aufgetan haben, die sich nicht von selbst schließen werden. Dabei geht es hier um die Pensionskassen.

5.1 Staatsschulden

Es reicht nicht aus, nur die öffentlichen Schulden des Zentralstaates (des Bundes) auszuweisen. Zu berücksichtigen sind auch die Schulden von Gliedstaaten, Bundesländern, Provinzen oder Kantonen – und auch Städten und anderen Kommunen. Erst dann wird die gesamte Brutto-Verschuldung sichtbar. Die Gesamtschulden sind erst die erste Hälfte zur richtigen Beurteilung: Sie müssen zum BIP in Beziehung gesetzt. Das Ergebnis für zwanzig OECD-Länder geht aus beiliegender Tabelle hervor: So für die Stichjahre 1980, 1990, 2000, 2005 und 2008. Man erkennt große Unterschiede, auch im Zeitablauf.

Zwischen 1980 und 2008 sind die Schuldenquoten nicht überall angestiegen. In einigen Ländern liegt die Schuldenquote von 2008 sogar unter jener von 1980, und zwar in Australien, Dänemark, Irland und Norwegen. In Schweden und der Schweiz liegt sie (grob) auf ungefähr gleicher Höhe.

Staatsschulden in Prozenten des BIP

Stichjahre	*1980*	*1990*	*2000*	*2005*	*2008*
Australien	****	25	25	17	14
Belgien	82	134	108	92	88
Dänemark	34	60	51	37	24
Deutschland	33	44	60	68	64
Finnland	14	17	52	49	40
Frankreich	31	40	57	66	68
Griechenland	28	89	103	98	93
Großbritannien	54	35	45	46	59
Irland	73	97	40	33	33
Italien	59	100	109	106	104
Japan	52	70	135	175	173
Kanada	45	73	82	71	63
Niederlande	45	77	64	60	54
Norwegen	52	39	34	49	45
Österreich	37	56	56	64	60
Portugal	38	67	50	64	65
Schweden	44	44	65	60	45
Schweiz	45	32	52	56	48
Spanien	18	49	60	43	38
USA	38	55	55	62	73
Durchschnitt	42	58	65	66	62

Quellen: OECD und Finanzwoche

Jene Quoten, die zwischen 1990 und 2000 gesunken sind, haben ihre Ursache dominant in der Vorgabe der EU, um der Währungsunion beitreten zu können, namentlich 60 Prozent.

Um dieses Ziel zu erreichen, haben zahlreiche EU-Länder Privatisierungen vorgenommen. Die entsprechenden Erlöse wurden für den notwendigen Schuldenabbau verwendet. Es handelt sich aber um einen vorübergehenden Sonderfaktor. Nach 2000 expandierten die Schulden erneut. Inzwischen liegen Belgien, Deutschland, Frankreich, Griechenland, Italien und Portugal über der EU-Norm von 60 Prozent.

Es mag zwar interessant sein, zu erfahren, welche Länder über dem Durchschnitt liegen. Das geht aus der Tabelle ebenfalls hervor, aber man sollte den Durchschnitt nicht mit der «richtigen» und damit tragbaren Schuldenquote verwechseln. Er sagt nämlich nur aus, ob ein Land besser, gleich oder schlechter abschneidet. Da es sich um ein arithmetisches, nicht gewogenes Mittel handelt, ergibt sich eine weitere Einschränkung. Um das relative Ausmaß der Verschuldung in allen zwanzig Staaten zu zeigen, müsste jedes Land mit dem Gewicht versehen werden, das es für die Gesamtschulden hat. Es versteht sich von selbst, dass man unter anderem die USA, Japan oder Deutschland nicht tel quel mit zum Beispiel Dänemark, Finnland, Irland, Norwegen oder Portugal vergleichen darf.

In Europa fallen einige Länder durch relativ hohe Schuldenquoten aus. Es sind Länder, die für eine mangelnde Budgetdisziplin seit Längerem bekannt sind, so unter anderem Belgien, Griechenland und Italien. Zwar haben auch andere Länder Probleme, aber sie bemühen sich immerhin, die EU-Vorgabe von 60 Prozent am BIP zu erfüllen.

Japan ist der Weltmeister im Schuldenmachen – wer hätte das gedacht … Die Quote ist zwischen 1980 und 2008 von 52 auf 173 Prozent angestiegen, diese atemberaubende Entwicklung begann 1990. Damals ging in Japan der langfristige Aufstieg der Nachkriegszeit zu Ende. Japan hat darauf nicht mit marktwirtschaftlichen Reformen, sondern mit mehr Schulden geantwortet: Das Ergebnis ist fast eine Stagnation von inzwischen zwanzig Jahren. Das fehlende wirtschaftliche Wachstum hat erheblich dazu beigetragen, die Schuldenquote in die Höhe zu treiben. Doch damit nicht genug, der Staat und die Notenbank haben alles unternommen, um den Kollaps von Banken, Versicherungen, Großunternehmen und im Immobiliensektor zu verhindern. Man war in Japan zu keiner Zeit bereit, zur Kenntnis zu nehmen, dass aus dem weltweit bewunderten System, ein Auslaufmodell geworden war.

Einen schlechten Ruf haben die USA, wenn es um ihre Verschuldung geht. Doch der ist a priori nicht gerechtfertigt. Zwar ist die Schuldenquote im Trend zwischen 1960 und 2006 von 38 auf 73 Prozent angestiegen, dies vor allem in den 1980er-Jahren und ab 2000 unter den republikanischen Präsidenten Reagan und Busch junior. Die Republikaner ziehen es traditionell vor, die Steuern zu Gunsten ihrer Anhänger massiv zu senken. Die fehlenden Einnahmen ersetzen sie einfach durch zusätzliche Schulden, wenn nötig auch ab der Notenpresse. Gleichwohl ist ein fundiertes Urteil noch nicht angezeigt, solange man nicht alle Aspekte der US-Verschuldung übersieht. Die USA sind und bleiben das Zugpferd der Weltkonjunktur: Wenn der Wirtschaftsmotor in Dänemark stottert, ist das noch nicht so interessent; wenn er aber in den Vereinigten Staaten nicht rund läuft, hat die ganze westliche Wirtschaft ein Problem.

In den letzten Jahren erschienen viele Beiträge in Presse, Büchern und Fernsehen, die das Gespenst von Staatsbankrott und erneuter Währungsreform in Umlauf an die Wand malten. Gerade deshalb ist es nützlich, sich um Objektivität zu bemühen. Die deutsche Schuldenquote ist zwar zwischen 1980 und 2008 von 33 auf 64 Prozent angestiegen und hat sich damit nahezu verdoppelt. Sie liegt damit aber nur eher knapp über der EU-Norm von 60 Prozent. Deutschland ist in Europa nicht etwa Spitzenreiter, sondern befindet sich in einer vergleichsweise akzeptablen Situation. Doch auch hier gilt analog zu den USA: Eine Gesamtbilanz von allen öffentlichen und privaten Schulden wäre zu erstellen, bevor man ein abschließendes Urteil fällen darf.

In den öffentlichen Schuldenquoten sind die Schulden von öffentlichen Unternehmen nicht enthalten. Hier geht es unter anderem um staatliche Telekommunikations-, Transport- und Energieunternehmen. Solche Unternehmen arbeiten in der Regel mit einem hohen Anteil an Fremdkapital. Das macht sie für finanzielle Engpässe verwundbar, vor allem dann, wenn die Zinsen anhaltend steigen.

Der Anteil der öffentlichen Unternehmen am nationalen Wirtschaftsvolumen variiert sehr von Land zu Land. Ihre Bedeutung hängt davon ab, welchen Stellenwert man dem *Service Public* (den öffentlichen Dienstleistungen) beimisst und ob dieser traditionell vom Staat erbracht wird oder nicht. Das gilt auch für das Gesundheitswesen mit einer teuren Spital-Infrastruktur. Leider gibt es hier keine ausreichenden statistischen Daten, sodass die Höhe dieser Schulden sozusagen versteckt bleibt.

Nach einem finanzwissenschaftlichen Grundsatz müssen alle Schulden jeweils in einer «Rechnung» erscheinen. Es ist üblich, Schulden zu Sonderzwecken in separate Fonds auszugliedern. Was in den OECD-Ländern ausgelagert wurde, entzieht sich der Öffentlichkeit. Doch sollte man solche Schulden in ihrer möglichen Höhe nicht unterschätzen, denn sie können die offizielle Schuldenquote erheblich verfälschen.

Im Mittelpunkt des Interesses steht bei dieser Frage Deutschland, das durch die Wiedervereinigung in hohem Maße belastet wurde. Zum einen gab es den «Fonds» für die deutsche Wiedervereinigung. Dieser nahm rund 49 Milliarden Euro an Krediten auf. Im Jahre 2004 waren es noch 39 Milliarden. Der Bund übernahm aber per 1.1.2006 alle Verbindlichkeiten. Seither sind diese im Bundeshaushalt integriert und entsprechend in der Schuldenquote enthalten. Zum anderen existiert der «Erblastentilgungsfonds». Der Schuldenstand belief sich am 1.1.1996 auf umgerechnet 172 Milliarden Euro. Danach wurden rund 80 Milliarden getilgt. Die restlichen Schulden übernahm der Bund. Dieser Fonds ist inzwischen faktisch schuldenfrei. Langer Rede kurzer Sinn: In der aktuellen Schuldenquote Deutschlands ist nahezu alles enthalten, was mit der Wiedervereinigung zusammenhängt. Die Wirtschaftskraft Deutschlands hat die mit der Wiedervereinigung verbundenen Kosten «gepackt».

Ein weiterer Vorbehalt gegenüber den öffentlichen Schuldenquoten ist insofern angebracht, als es sich dabei nur um die Bruttoschulden handelt. Maßgeblich sind letztlich die Nettoschulden(quoten). Um diese in Erfahrung zu bringen, müssen sowohl die staatlichen Finanzinvestitionen als auch die Realvermögen in Abzug gebracht werden.

Zwar publiziert die OECD in ihrem «Economic Outlook» regelmäßig Angaben zu den Finanzinvestitionen des Staates und setzt diese zum BIP in Beziehung. An dieser Stelle ist aber keine erschöpfende Darstellung dieses Problems möglich; es muss bei kurzen Hinweisen bleiben. Die meisten europäischen OECD-Länder verfügen über eine niedrige Quote der Finanzinvestitionen. Diese reicht nicht aus, um die Bruttoschulden erheblich zu entlasten. In den USA und Kanada machen die Finanzinvestitionen einen wesentlich höheren Prozentsatz aus. Das vermag die Schuldenquoten entsprechend zu mildern. Sozusagen Spitzenreiter im Finanzvermögen ist Japan. Allerdings tauchen hier vor allem jene Ausgaben auf, die ab den 1990er-Jahren zur Stabilisierung des dortigen Finanz-und Wirtschaftssystems getätigt wurden, also Beteiligungen an Banken, Versicherungen und Immobiliengesellschaften. Die Rolle des Finanzvermögens hängt entscheidend davon ab, ob und in welchem Ausmaß und zu welchen Preisen Finanzvermögen am Markte veräußert werden können.

Schätzungen des Realvermögens (dazu gehört unter anderem die Infrastruktur) liegen nur für einige Länder vor, zum Beispiel für die USA oder die Bundesrepublik Deutschland vor der Wiedervereinigung. Das Realvermögen setzt sich aus den über die Zeit hinweg getätigten öffentlichen Investitionen zusammen. Diese werden zum öffentlichen Kapitalstock aufsummiert. Dabei werden die Abschreibungen in Abzug gebracht. Entsprechende Daten gibt es aber nur für wenige Jahre. Internationale Vergleiche sind daher nicht möglich. Es muss bei grundsätzlichen Bemerkungen bleiben.

So ist allgemein bekannt, dass die Infrastruktur eine notwendige Vorbedingung wirtschaftlichen Wachstums ist. Man unterscheidet hier zwischen der materiellen und immateriellen Infrastruktur, zwischen Sach- und Human-Kapital. Zur Ersteren zählen Hochbauten, Straßen, Bahnen, Flugplätze und Pipelines, zur Letzteren der Ausbildungs- und Gesundheitsstand der Bevölkerung. Dazu kommt die immaterielle Infrastruktur, unter anderem das Justiz-, Polizei- und Verwaltungswesen. Je besser ein Land mit Realvermögen ausgestattet ist, desto mehr kann es wirtschaftlich wachsen und Schulden verkraften. Hochentwickelte, stabile Staaten sind den zurückgebliebenen und instabilen Ländern auch im Verkraften öffentlicher Schulden überlegen. Darüber hinaus ist zu berücksichtigen, ob und in welchem Ausmaß einzelne Länder über natürliche Ressourcen verfügen, die sie ausbeuten und vermarkten können. Staaten mit wenigen oder gar keinen Ressourcen sind allein auf die Arbeitskraft und Ausbildung der Bevölkerung angewiesen, so zum Beispiel Japan und die Schweiz. Rohstoffreiche Länder sind in dieser Beziehung im Vorteil, so zum Beispiel Australien und Kanada, weil sie über ein reichliches und diversifiziertes Angebot an natürlichen Ressourcen verfügen.

Berücksichtigt man jene Anpassungen, die bei den offiziellen Schuldenquoten angezeigt sind, so würde man ein viel besseres Bild der Schuldenproblematik erhalten. Da die erforderlichen statistischen Reihen fehlen, sind nur einige grobe Hinweise möglich. Sie konzentrieren sich auf Länder mit einer bereits hohen, weit überdurchschnittlichen Schuldenquote, die daher als potenzielle Bankrotteure in Frage kommen.

An erster Stelle rangiert Japan. Hier fehlt es seit 1990 an wirtschaftlicher Dynamik. Das Land ist rohstoffarm und leidet zunehmend unter einer überalterten Bevölkerung. In Europa gehören vor allem Belgien, Griechenland und Italien auf die Watch-List. Diese Länder zeichnen sich seit Jahrzehnten durch eine großzügige Schuldenpolitik aus. Daneben gehören auch die USA dazu. Trotz der vorhin vorsichtig geäußerten Skepsis muss doch darauf hingewiesen werden, dass das Land von ausländischen Rohstoffen, vor allem Erdöl, abhängig ist und nur über eine veraltete, geradezu marode öffentliche Infrastruktur verfügt. Dagegen mag es zwar auf den ersten Blick zwar überraschend sein, aber Deutschland gehört nicht zu den Ländern, die sich in einem alarmierenden Zustand befinden.

5.2 Private Unternehmen

Über die Schulden von privaten Unternehmen ist man nicht so gut informiert wie über die Staatsschulden. Langfristige Daten gibt es nur zu relativ wenigen Industrieländern, hier vor allem zu den USA, Japan, Deutschland und zu Großbritannien. Die Quoten am BIP haben sich wie folgt entwickelt.

Für die USA reichen die Daten bis 1952 zurück. Die Quote stieg von damals 31,8 auf 66,7 Prozent im Jahre 1990. Danach war die Schuldenquote rückläufig, da zahlreiche Unternehmen massiv restrukturiert und Schulden abgebaut haben. Die Unterschiede zwischen der *Old Economy* (traditionelle Branchen) und jener der in den 1990er-Jahren boomenden *New Economy* (Hightech) waren gewaltig. Während die erste Gruppe nicht selten ums nackte Überleben kämpfte, zeichneten sich die anderen durch eine starke Finanzkraft aus, nicht wenige Top-Unternehmen waren sogar schuldenfrei.

Japan startete 1956 mit einer Quote von 62,8 Prozent. Von hier aus ging es stetig nach oben, 1972 wurden 104,4 Prozent erreicht. Danach bildete sich die Quote vorübergehend zurück und erreichte 1986 das alte Niveau, um danach bis 1992 auf 128,2 Prozent anzuziehen. Im Laufe der wirtschaftlichen Stagnation ab 1990 unternahm der Staat alles, um Unternehmen über Wasser zu halten: Man pumpte in gigantischem Ausmass frisches Geld in die Wirtschaft. Entsprechend stieg die Verschuldung an, aber der Strukturwandel blieb dabei weitgehend aus.

Für Deutschland existieren Daten seit 1971. Damals belief sich die Quote auf 80,4 Prozent. Danach fiel sie bis 1987 auf 63,1 Prozent, um wieder bis 1992 leicht anzusteigen. Ab den 1990er-Jahren zeichnet sich die deutsche Wirtschaft durch eine eher schwache Wachstumsdynamik aus. Als Folge konnte die Wirtschaft nicht im erwünschten Ausmass Reserven bilden, die Verschuldung nahm wieder zu. Das Land steht in Bezug auf die Verschuldung der privaten Unternehmen besser als Japan da.

In Großbritannien stehen Daten ab 1982 zur Verfügung. Damals hatte das Land eine Quote von 69,1 Prozent. Diese erhöhte sich bis 1989 auf 90,2, um sich danach leicht zurückzubilden. Sie lag damit rund 40 Prozent höher als jene der USA und Deutschlands, aber immer noch mehr als 40 Prozent niedriger als in Japan im Jahre 1993.

Von vorrangigem Interesse ist die Entwicklung der Schuldenquoten während der turbulenten Zeiten an den Finanzmärkten nach dem Jahr 2000. Von allen untersuchten Ländern ist die Quote in Japan am höchsten. Zwischen 2000 und 2007 nahm sie allerdings von 175 auf 149 Prozent ab. An zweiter (negativer) Stelle liegt Frankreich. Zwischen 2004 und 2008 stieg sie von 86 auf 100 Prozent. In derselben Periode erhöhte sie sich in Großbritannien von 67 auf 86 Prozent. Es folgt Italien mit einer Zunahme von 59 auf 73 Prozent. In Deutschland sank die Quote leicht von 64 auf 62 Prozent. Am besten schneiden die USA mit einem leichten Zuwachs von 44 auf 48 Prozent ab.

Die eher moderate Entwicklung der Schuldenquote der privaten Unternehmen bis Ende 2007 ist insofern trügerisch, als die Verschuldung in der Finanzindustrie in den letzten Jahren vor Ausbruch der Finanzkrise im Jahre 2007 in historischem

Ausmaß ausgeweitet wurde. Das geschah über Kredite für Übernahmen, den Aufkauf von Unternehmen durch Beteiligungsgesellschaften (Private Equity), den Rückkauf von eigenen Aktien und an Hedge-Fonds, die mit einem exorbitanten Hebel (Leverage) arbeiten. Diese Schulden sind in den Schulden privater Unternehmen, wenn überhaupt, nur beschränkt enthalten. Demnach beziehen sie sich vorwiegend auf Gewerbe und Industrie sowie auf Dienstleistungen außerhalb der Finanzindustrie. Aber auch hier kam es zu Engpässen aufgrund nicht mehr tragbarer Verpflichtungen, wie zum Beispiel in den USA, die mit massiver Staatshilfe ab 2008 die Autohersteller stützten.

Ab Herbst 2007 sprangen die Zentralbanken und der Staat ein, um die Finanzindustrie und die Wirtschaft vor dem Kollaps zu retten. In einem bisher unvorstellbaren Ausmaß kamen unter anderem Kredite, Garantien und Kapitalspritzen zum Zuge. Im Rahmen dieser Entwicklung kam es zu einer gigantischen Sozialisierung von Schulden; sie wurden vom privaten in den öffentlichen Sektor verlagert. Folgerichtig ist es unverzichtbar, die beiden Schuldenquoten zu addieren, um ein repräsentatives Bild der Schuldensituation zu erhalten, denn sonst sieht der private Sektor entschieden besser aus, als es um ihn bestellt war und ist. Japan ist hier herausragender Spitzenreiter, zusammengezählt ergibt die Quote 322 Prozent am BIP.

5.3 Private Haushalte

Auch hier geht es nicht um ein neues, sondern um ein seit Jahrzehnten aktuelles Problem, das in der Regel im Schatten der Staatsschulden steht. Darin sind nicht nur Konsumkredite, sondern auch Hypotheken zu Lasten der Hauseigentümer enthalten. Zuerst solle die langfristige Entwicklung erörtert werden, bevor auf die Entwicklung seit 2000 eingegangen wird.

Nach einer Untersuchung der ISI-Group ist die langfristige Entwicklung in den USA, Japan, Deutschland und Großbritannien wie folgt verlaufen:

- In den USA stiegen die Schulden zwischen 1952 und 1993 von 24,3 auf 64,2 Prozent am BIP.
- Japan startete 1956 mit nur 10,8 Prozent, expandierte bis 1992 auf 63,2 Prozent und erreichte damit das Niveau der USA.
- Die deutschen Konsumenten begannen 1971 mit einer Schuldenquote von 38,8 Prozent und erreichten 1991 mit 51,9 Prozent rund die Hälfte des BIP.
- Die britischen Konsumenten starteten 1971 mit 44,7 Prozent und steigerten sich bis 1993 auf 91,7 Prozent.

Damit blieben die Briten knapp unter dem BIP, waren aber entscheidend mehr verschuldet als die privaten Haushalte in Deutschland, den USA und Japan. Das ist insofern bemerkenswert, als stets und fast ausschließlich von der hohen Verschuldung der amerikanischen Konsumenten die Rede ist. Die anderen Länder werden in der Wahrnehmung in der Regel ausgeblendet.

Für die Zeit nach 2004 gibt es Daten auch für Frankreich und Italien. In Frankreich sind die Schulden von 39 auf 50 Prozent angestiegen. Die italienischen Konsumenten sind weniger verschuldet. Die Quote erhöhte sich von 33 auf 41 Prozent. Beide Länder schneiden besser ab als Großbritannien, die USA und Deutschland. Spitzenreiter ist Großbritannien mit einer Zunahme von 94 auf 109 Prozent. In den USA ist die

Verschuldung von 85 auf 96 Prozent angestiegen. Deutschland weist sogar eine sinkende Verschuldung aus, von 72 auf 62 Prozent. In Japan hat die Schuldenquote zwischen 2000 und 2007 von 82 auf 74 Prozent abgenommen. Die Japaner gelten wie die Deutschen und offensichtlich auch die Italiener als eher sparsam – mit entsprechenden Sparquoten. In Japan wird seit Längerem darüber geklagt, dass die Zurückhaltung beim privaten Konsum die Hauptursache für die schwache Wachstumsdynamik sei.

Gleichwohl ändert das nichts am Faktum, dass die Konsumenten in Großbritannien und in den USA am meisten auf Pump leben. In den USA ist die Zunahme am ausgeprägtesten ausgefallen. Dort stieg die Quote zwischen 1993 und 2008 von 64 auf 96 Prozent am BIP. Das spielte sich in jenem Trend ab, der Mitte der 1980er-Jahre begann.

Ökonomisch stehen die US-Konsumenten im Mittelpunkt des Interesses. Zum einen sind sie für das wirtschaftliche Wachstum in den USA entscheidend. Zum anderen sind sie auch ein wichtiger Faktor für die Entwicklung der Weltwirtschaft. Nach zuverlässigen Schätzungen vereinigen sie rund 20 Prozent der globalen Nachfrage auf sich. Entsprechend beeinflussen sie die Exporte anderer Länder, so von China, aber auch Südost-Asien und Westeuropa.

Die seit den 1980er-Jahren hohen amerikanischen Handelsdefizite, die vom Ausland finanziert werden müssen, sind ein Dauerbrenner, wenn es um die Zukunft des US-Dollars und der amerikanischen Wirtschaft geht. Der seit Langem befürchtete – und vorausgesagte – Kollaps des Dollars als globale Leitwährung würde sich verheerend auf die globale Entwicklung auswirken – und natürlich auch auf die Staatsfinanzen. Die

Verschuldung würde erneut schubartig steigen und das Land näher an den Staatsbankrott schieben. Zugleich wären die Zentralbanken wieder gefordert: Sie würden die Geldschleusen ab Notenpresse öffnen und damit die Inflation fördern.

5.4 Die Sozialversicherung

Wie bereits vorher angesprochen (Seite 91), steckt neben der Verschuldung des Staates auch in den Schulden von Unternehmen und privaten Haushalten eine versteckte Staatsverschuldung. Im Mittelpunkt steht dabei die Sozialversicherung, die meist nach dem Umlageverfahren finanziert wird. Hier wurden Sozialleistungen versprochen, die nicht durch zukünftige Einnahmen abgesichert sind. Es liegt also eine Finanzierungslücke vor. Das Problem wurde zwar schon in den 1970er-Jahren erkannt, zukunftsgerechte Maßnahmen sind aber ausgeblieben.

Das Ausmaß der Finanzierungslücke hängt unter anderem von der demografischen Entwicklung, von den künftigen Leistungen und vom wirtschaftlichen Wachstum ab. So wird sich die Relation zwischen aktiver (also arbeitender) und passiver (nicht arbeitender) Bevölkerung anhaltend verschlechtern. Nicht zuletzt ist zu beachten, dass auf Dauer nur so viel umverteilt werden kann, wie produziert wird. Erfahrungsgemäß ist die Verschuldung, abgesehen von jener für Investitionen, eine Wachstumsbremse. Je höher die Verschuldung liegt, desto mehr leidet darunter die Wachstumsdynamik, was die Schuldenlast entsprechend verschärft.

In den 1990er-Jahren wurden verschiedene Schätzungen zur Quasi-Staatsverschuldung durchgeführt. Im Jahre 1993 publizierte die Credit Suisse First Boston (CSFB) Daten über die nicht gesicherten *(unfunded)* Verpflichtungen der Altersvorsorge in EU-Ländern für das Stichjahr 1990. Die Unterdeckung macht durchschnittlich 145 Prozent des BIP aus. Sie liegt demnach weit jenseits der staatlichen Schuldenquoten (siehe Tabelle Seite 92). An der Spitze stand Luxemburg (238) vor den Niederlanden (210), Griechenland (196), Italien (184), Spanien (183), (West-)Deutschland (179) und Portugal 167). Es folgen Belgien (112), Frankreich (106) und Dänemark (97). Das geringste Defizit weist Großbritannien mit 70 Prozent des BIP auf. Das ist auf die eher bescheidenen Leistungen der staatlichen Altersvorsorge und die starke Position der privaten Vorsorgeeinrichtungen (Pensionskassen) zurückzuführen.

Diese Schätzungen wurden von der CSFB sowohl konkretisiert als auch um die Steuern bereinigt, die mit Pensionszahlungen verbunden sind. Dazu wurde die allgemeine Staatsverschuldung geschlagen. Das Ergebnis – immer noch für 1990 – ist ernüchternd: Bei mehr als der Hälfte der EU-Länder machen die aufaddierten Schulden 200 Prozent und mehr des BIP aus. Im Einzelnen sehen die Quoten wie folgt aus: Griechenland 253, Italien 245, Niederlande 226, Belgien 218, Portugal 202, Luxemburg 197, Spanien 191, (West-)Deutschland 182, Irland 172, Dänemark 145, Frankreich 130 und Großbritannien 74 Prozent des BIP.

Im Jahre 1993 publizierte die OECD eine Modellrechnung über die Finanzierungslücken der gesetzlichen Altersvorsorge in den sieben großen Industrieländern (G-7-Gruppe). Es zeigte sich, dass sich die «versteckten» Defizite in der Nähe der echten» Quoten der Staatsschulden bewegen, die von der CSFB errechnete «Verdoppelung» wurde weitgehend bestätigt. Es kann allerdings nicht ausbleiben, dass einzelne Untersuchungen jeweils zu unterschiedlichen Ergebnissen gelangen, denn man hat es hier mit (langfristigen) Prognosen unter anderem über die Entwicklung der Bevölkerungszahl, den Altersaufbau der Bevölkerung, die nominellen und realen Wachstumsraten des BIP, Einnahmen und Ausgaben des Staates und der Sozialversicherungen zu tun. Doch bei allen Differenzen, die sich aus diesen Unsicherheiten ergeben, konnte auch in den 1990er-Jahren niemand (mehr) übersehen, dass die Finanzierungslücken der Altersvorsorge in Dimensionen hineingewachsen waren, die zu großer Besorgnis Anlass geben mussten.

Es reicht aber nicht aus, nur die gesetzliche Altersvorsorge zu berücksichtigen. Letztlich sind alle Träger der sozialen Sicherheit auf künftige Finanzierungslücken abzuklopfen, die Arbeitslosen-, die Unfall-und Krankenversicherung ebenso wie die private Vorsorge, insbesondere bei den Pensionskassen. Diese operieren bekanntlich nicht nach dem Umlage-, sondern nach dem Kapitaldeckungsverfahren. Hier sind alle Anlagen auf Gedeih und Verderb der Entwicklung an den (globalen) Finanzmärkten ausgesetzt.

Da auch ab Mitte der 1990er-Jahre keine fundamentale Reformen an der Sozialversicherung zum Zuge kamen, hat sich die Quasi-Staatsverschuldung nicht vermindert, sondern sich eher erhöht. Zwar gibt es dafür nicht für alle OECD-Länder die entsprechenden Daten, aber man verfügt über jene für G-7-Länder. Die Defizite der gesetzlichen Rentenversicherung *(public pensions funds)* haben sich in Prozenten am BIP zwischen 2001 und 2008 wie folgt entwickelt:

In Frankreich erhöhte sich die Quote leicht von 15,4 auf 16,4. In Deutschland blieb die Quote nahezu stabil mit einem (minimalen) Anstieg von 15,0. auf 16,2. Japan weist die geringste Quote auf, sie erhöhte sich leicht von 6,08 auf 7,1 (2007). In ähnlichen Dimensionen bewegt sich die Quote in Großbritannien, namentlich zwischen 8,3 und 7,5. Auf den ersten Blick hin ist man über die in den USA ausgewiesene Quote erstaunt. Sie bewegt sich mit 0,44 und 0,75 um null. Das ist mit einem großen Fragezeichen zu versehen. Die Einnahmen und Leistungen der «social welfare» laufen nämlich über den öffentlichen (Bundes-)Haushalt. Daher kommt es entscheidend darauf an, in welchem Ausmaß «frisiert» wurde. Zudem kann man regelmäßig aus zuverlässigen Quellen erfahren, dass die gesetzliche Altersvorsorge in den USA nicht besser dran ist als in den großen (OECD-)Ländern.

Als vorläufiges Fazit ist festzustellen: Die Defizitquoten sind zumindest in Frankreich, Italien und Deutschland ungleich höher als jene der Staatsschulden. Damit zeigt es sich (erneut), dass die Finanzierungslücken der gesetzlichen Vorsorge, weit vor den öffentlichen Schulden, das herausragende Problem der «Gesamt-Verschuldung» sind. Es kommt verschlimmernd hinzu: Darin sind Schulden der Arbeitslosenversicherung und Finanzierungslücken der Krankenkassen (noch) nicht enthalten. Die mit weitem Abstand besorgniserregende Bedrohung stammt vom «Wohlfahrtsstaat».

5.5 Bilanz

Das Gesamtbild der «echten», expliziten Verschuldung ergibt sich aus der Addition der Schulden von Staat, Unternehmen und Konsumenten. Die entsprechenden Daten bis Anfang der 1990er-Jahre wurden von der ISI-Group publiziert. Diese Zahlen sind sehr hilfreich, weil sie einen groben Eindruck der Gesamtverschuldung, allerdings ohne die Quasi-Staatsverschuldung zu vermitteln, der hier den Rahmen der Konzentration auf die traditionelle Betrachtung der Staatsverschuldung sprengen würde.

Für die USA reichen die Daten bis 1951 zurück. Damals betrug die Totalverschuldung 126,4 Prozent am BIP. Danach stieg die Quote langsam an, erreichte 1963 mit 140,0 Prozent einen vorläufigen Höhenpunkt. Anschließend verringerte sie sich bis 1969 auf 134,6 Prozent und blieb vorübergehend stabil. In den 1980er-Jahren war trotz guter Konjunktur ab 1983 ein klarer Aufwärtstrend zu melden. Zwischen 1981 und 1991 erhöhte sich die Quote von 137,0 auf 191,5 Prozent. Der Anteil der echten Schulden belief sich damit auf knapp das Doppelte vom BIP.

Japan startete 1956 unter dem BIP mit einer Quote von 92,1 Prozent. Bei jährlichen Schwankungen vollzog sich eine anhaltende Expansion bis auf 266,5 Prozent im Jahre 1989. Damals ging der langfristige Aufschwung der Nachkriegszeit zu Ende. Japan übertraf damals die USA, der Rekordwert von 1989 macht rund das Zweieinhalbfache des BIP aus. Das war zu dieser Zeit insofern interessant, als Japan in der weltweiten Diskussion über die Verschuldung entweder nicht erwähnt oder nur beiläufig behandelt wurde.

Die Bundesrepublik Deutschland begann die Nachkriegszeit mit dem Vorteil, dass die (inländischen) Schulden des Reiches durch die Währungsreform von 1948 sozusagen vernichtet wurden. Da aber auch Unternehmen und Konsumenten niedrig verschuldet waren, konnte das Land von einem bescheidenen Verschuldungsgrad profitieren. Im Jahre 1971 wurden erst 137,7 Prozent am BIP erreicht. Danach expandierte die Schuldenquote stetig von 166,3 Prozent im Jahre 1984. Nach einem kurzen Rückgang stabilisierte sich die Quote bis 1991 um 161,0

Prozent. Damit schnitt die Bundesrepublik aber nur leicht besser als die USA. Weltweit wurde nur von den Amerikanern mit ihrer angeblich extremen Verschuldung gesprochen.

Zu den großen Schuldenmachern gehören auch die Briten. Nach zuverlässigen Quellen lagen ihre Schulden um 1970 über 300 Prozent des BIP. In der Krise der 1970er-Jahre bildete sich ihre Quote aber stark zurück, 1982 betrug sie 184,3 Prozent. Danach ist sie allerdings bis 1992 auf 221,0 Prozent angestiegen. Sie wird nur von Japan übertroffen, das an der Spitze liegt. Allerdings ist einschränkend festzuhalten, dass die Angaben über die Verschuldung und deren Komponenten je nach Quelle (zum Beispiel C. J. Lawrence) erheblich variieren.

Die Entwicklung der Gesamtverschuldung zwischen 2001 und 2008 geht aus folgender Tabelle hervor. Sie bezieht sich auf sechs der G-7-Länder. Erneut an der Spitze liegt Japan mit 397 Prozent, demnach rund das Vierfache des BIP. Es folgt Großbritannien mit 256 Prozent. Frankreich, Italien und die USA liegen (nahezu) gleichauf mit 223, 220 und 219 Prozent. Am besten schneidet Deutschland mit 190 Prozent ab.

Addierte Schuldenquoten 2008

Land	*Staat*	*Unternehmen*	*Konsument*	*Total*
Japan	173	149	75*	397
Großbritannien	59	88	109	256
Frankreich	68	101	50	223
Italien	104	71	41	220
USA	73	49	97	219
Deutschland	64	64	62	190

Quelle: Finanzwoche

* 2007

Bei einem Vergleich zwischen dem Schuldenstand um 1990 und 2008 ragt erneut Japan hervor. Die Quote erhöhte sich massiv von 226 auf 397 Prozent. Dagegen fiel der Anstieg in Großbritannien moderater von 225 auf 256 Prozent aus. Es mag zwar überraschen, aber in den USA erhöhte sich die Quote nur von 191 auf 219 Prozent. Ähnlich stieg die Quote in Deutschland an, namentlich von 161 auf 190 Prozent. Darin ist allerdings die Neuverschuldung zu Gunsten der Wiedervereinigung ab 1990 enthalten. Die anderen Länder waren nicht mit solchen Belastungen konfrontiert.

Ein repräsentatives Bild der Gesamtverschuldung erhält man erst dann, wenn man die versteckte, implizite Quasi-Staatsverschuldung berücksichtigt. Bei den Ländern in der vorherigen Tabelle betrug sie bereits 1993:

- 245 Prozent für Italien,
- 182 Prozent in Deutschland
- 130 in Frankreich und
- 74 Prozent für Großbritannien.

Die hohen Defizite der gesetzlichen Rentenversicherung nach dem Jahre 2000 legen den Schluss nahe, dass sich die Lage seit damals wohl nicht verbessert, sondern verschlechtert hat. Für 2004 gibt es eine Schätzung des deutschen Sachverständigenrates für Deutschland: Sie lautet auf 270 Prozent des BIP. Damit addiert sich die Gesamtverschuldung auf 460 (190 + 270) Prozent am BIP. Auf gleicher Höhe (465) lag Italien schon 1993. Frankreich (353) und Großbritannien (330) hatten damals noch Aufholpotenzial, das sie seitdem mit Sicherheit genutzt haben. Für Japan kursieren Vermutungen, die weit jenseits von Deutschland liegen und sich um 600 Prozent am BIP bewegen.

Der Trend ist nicht zu übersehen, dass Defizite der Sozialversicherung zunehmend durch staatliche Zuschüsse aufgefangen werden. Damit kann man vorübergehend höchst unpopuläre Beitragserhöhungen vermeiden. Die werden ja in der Regel als ungerecht, unsozial oder gar skandalös gebrandmarkt. Die Finanzierung der Sozialversicherung durch den Staat hat natürlich Auswirungen. Die Defizite in den öffentlichen Haushalten steigen und wirken sich entsprechend auf die Zinszahlungen auf die Staatsschuld aus. Zwar sind die Zinsen gegenwärtig außerordentlich tief, um das Wirtschafts- und Finanzsystem zu stabilisieren. Doch das wird nicht von Dauer sein: Die Zinsen werden wieder in absehbarer Zeit massiv nach oben gehen, auch jenseits historischer Durchschnitte, und sie könnten sogar in neue Dimensionen vorstoßen.

Paart sich das auch noch mit einer möglichen Inflation, erzeugt das einen doppelten Druck. Zum einen wird man dem Ruf nach Ausgleich der Inflation bei Sozialleistungen aller Art folgen. Zum anderen dürfte die Zinslast aus der steigenden öffentlichen Schuld Rekorde brechen und sich ihren Finanzierungsgrenzen nähern, um sie ohne Gegenmaßnahmen auch zu überschreiten.

Eine Analyse der Ausgaben der öffentlichen Hand zeigt, dass Zinszahlungen, Zuschüsse an die Sozialversicherungen und Pensionen an ehemalige Staatsbeamte nicht selten die Hälfte der Steuereinnahmen absorbieren – mit steigender Tendenz. Daher bleibt immer weniger übrig, um andere zentrale Staatsaufgaben zu finanzieren, also auch den Unterhalt, den Ersatz und den Ausbau der Infrastruktur. Damit verschlechtern sich die Voraussetzungen künftigen Wirtschaftswachstums, das dringend benötigt wird, um steigende konsumtive Belastungen zu tragen. Es ist absehbar, dass die Grenzen der staatlichen Finanzierung definitiv erreicht und sogar überschritten werden. Der Staat befindet sich damit nicht erst heute auf dem Weg in den Bankrott. Doch das ist keine akzeptable Option. Es ist daher überfällig, ein Sanierungsprogramm zu konzipieren und zügig durchzuziehen, um das drohende Desaster abwenden zu können.

6 Das Sanierungsprogramm

Es ist eine alte Erfahrung, dass bei Engpässen in der Finanzierung von öffentlichen Haushalten und Sozialversicherungen nur punktuelle Maßnahmen ergriffen werden. Man spielt nur kurz Feuerwehr, um die angespannte Situation zu entschärfen. Zwar ist immer wieder von der Notwendigkeit fundamentaler Systemreformen die Rede; sie sind aber bisher nicht gelungen. Und wenn kleine Änderungen am bestehenden System realisiert werden, so zögert man nicht, sie als Meilenstein oder als große Jahrhundertreform zu bezeichnen. Doch nach diesen Retuschen dauert es meist nicht lange, bis sich der nächste Engpass einstellt. Und der wird regelmäßig mit zusätzlichen Einnahmen, nicht mit Leistungskürzungen überwunden.

Das Ergebnis dieser Politik ist bekannt, nämlich tendenziell wachsende Schulden in Prozent des BIP, die in bedrohliche Dimensionen hineinwachsen. Folgerichtig sollte man nicht im bisherigen Stil weitermachen, sondern unbedingt fundamentale Reformen initiieren, die zu einer dauerhaften Besserung führen. Es geht um Systemreformen beim Staat und den Sozialversicherungen, aber auch darüber hinaus bei der Finanzierung von Konsumenten, Hypotheken und privaten Unternehmen.

Sanierungsmaßnahmen können nicht nach Lust und Laune, ohne ordnungspolitischen Kompass durchgeführt werden. Sonst wählt man nach politischer Opportunität jeweils jene

Betroffenen aus, die sich am wenigsten wehren können, und bei allgemeinem Widerstand geht man den Weg des geringsten Widerstandes und weicht entsprechend auf eine zusätzliche Verschuldung aus.

Der alles dominierende Wohlfahrtsstaat, der zu einer nicht mehr tragbaren Hypothek geworden ist, wurde nicht nach sozialen, sondern nach sozialistischen Prinzipien gestaltet. Das geschah wohlverstanden auch durch nicht sozialdemokratische oder nicht sozialistische Parteien. Der Wohlfahrtsstaat gewährt sozusagen jedermann Leistungen aller Art mit dem Ziel, die Nutznießer von finanziellen Lasten möglichst zu verschonen. Es braucht nicht mehr als gesunden Menschenverstand, um zu begreifen, dass eine solche Wohlfahrtspolitik auf Dauer zum Ruin und in den Bankrott führt. Die einzige Alternative dazu ist die Soziale Marktwirtschaft, die sich an den marktwirtschaftlichen Grundsätzen, wie sie in Deutschland nach dem Zweiten Weltkrieg von den Ordo-Liberalen entwickelt wurden, orientiert. Die Marktwirtschaft ist durch eine systemgerechte, «marktkonforme», soziale Dimension zu ergänzen. Das alles wurde schon vor Jahrzehnten entwickelt und operabel gestaltet. Man muss diese Dinge nicht mehr erfinden, sondern endlich konsequent anwenden – den Prioritäten entsprechend zuerst auf die Sozialversicherungen, dann auf den Staat selbst, die privaten Unternehmen und die Konsumenten.

6.1 Abkoppelung der Sozialversicherungen

Die Sozialversicherungen erhalten in der Regel erhebliche und im Trend steigende Zuschüsse aus den öffentlichen Haushalten. Das führt unter anderem zu einer Verbilligung von Sozialleistungen, was sie aus der Sicht der Nutznießer günstiger erscheinen lässt. Je mehr Zuschüsse im Spiel sind, desto mehr wird die Nachfrage gefördert; von Leistungen, die auch von anderen finanziert werden, kann man nie genug kriegen. Zu Recht werden daher Sozialversicherungen als Fass ohne Boden bezeichnet.

Bei den Forderungen nach zusätzlichen Leistungen wird in der Regel mit dem Schlagwort von «mehr Verteilungsgerechtigkeit» operiert. Kaum eine politische Partei kann es sich leisten, große Gruppen von Empfängern von Sozialleistungen zu enttäuschen; die Quittung würde nämlich bei den nächsten Wahlen präsentiert. Unter solchen Voraussetzungen darf man auch nicht erstaunt sein, dass ein Trend zu mehr Zuschüssen anhält. Die Lösung dieses Dilemmas ist klar: Es ist unverzichtbar, dass alle Sozialversicherungen von den Zuschüssen aus den öffentlichen Haushalten gänzlich abgekoppelt werden – sie müssen sich selbst finanzieren.

Bei allen Sozialversicherungen wäre die «gruppenmäßige Äquivalenz» angesagt. Die Umverteilung sollte nicht von außen, sondern ausschließlich innerhalb einer jeden Sozialversicherung gestaltet werden, nämlich zwischen jenen, die weniger, und jenen, die mehr einzahlen, als sie später an Leistungen erhalten. Wie weit die interne Umverteilung gehen darf, wäre jeweils bei den einzelnen, sehr unterschiedlichen Sozialversicherungen zu diskutieren. Mit der finanziellen und organisatorischen Verselbstständigung der Sozialversicherungen würde der Fehlanreiz der bisherigen Verbilligung durch Zuschüsse beseitigt, verbunden mit dem Vorteil, dass der Einzelne sich bei Begehrlichkeiten eher zurückhält, wohlwissend, dass er selbst individuell an der Finanzierung beteiligt wird.

Man kann daher bei dieser Lösung von einer effizienten Steuerung von Angebot und Nachfrage von Sozialleistungen sprechen. Außerdem würden die öffentlichen Haushalte dabei massiv und endgültig entlastet. Um das zu sichern, wäre der Grundsatz der gruppenmäßigen Äquivalenz gesetzlich zu verankern.

6.1.1 Die Rentenversicherung

Zur Verbesserung der finanziellen Situation der Rentenversicherung ertönt regelmäßig die Forderung, das Bezugsalter anzuheben. Das ist besonders in jenen Ländern unvermeidbar, in denen das durchschnittliche Alter für den Rentenbezug unter 60 Jahren liegt. Darüber hinaus ist man bestrebt, das Bezugsalter für beide Geschlechter allmählich auf 65 Jahre zu erhöhen. Doch darüber hinaus ist es zunehmend schwierig oder politisch unmöglich vorzustoßen.

Um den «Alterungseffekt» aufzufangen, müsste der Beginn des Rentenbezugs automatisch der Entwicklung der durchschnittlichen Lebenserwartung angepasst werden. Doch auch das stößt an ökonomische Grenzen, denn: Entscheidend ist die Möglichkeit für Unternehmen, Erwerbstätige länger zu beschäftigen. Das hängt von der Qualifikation, dem Gesundheitszustand und der Flexibilität des Arbeitsmarktes ab. Dazu kommt die Dynamik der wirtschaftlichen Entwicklung. Doch selbst mit einer anhaltenden Anhebung des Rentenbezugsalters kann man die finanzielle Lage der Rentenversicherung nicht dauerhaft verbessern.

Ein anderes Postulat ist eine vermehrte Einwanderung von Arbeitskräften, um auf diesem Wege für mehr Beitragszahler und wirtschaftliches Wachstum zu sorgen. Hier werden aber mehrere, nicht zu unterschätzende Probleme übersehen oder heruntergespielt.

1. Einwanderer werden später selbst Rentenbezüger. So gesehen, werden die Probleme nur verschoben, aber nicht aufgehoben.
2. Auch hier sind Grenzen des demografischen und ökonomischen Wachstums zu beachten. Sie sind nicht zuletzt auch ein ökologisches Problem.
3. Auch die Herkunft von Einwanderern spielt eine nicht zu unterschätzende Rolle. Es kann zu sozialen, ethnischen und politischen Spannungen kommen, welche unter anderem der Stabilität eines Landes schaden können.
4. Einwanderer sind für ein Land nur dann eine ökonomische Bereicherung, wenn sie während ihres Erwerbslebens mehr in die Rentenversicherung – und darüber hinaus – einzahlen, als sie nach der Pensionierung an Leistungen beziehen. Grob gesprochen dürfte die Einwanderung nur in den Fällen zu einem Netto-Gewinn führen, wenn es sich um hochqualifizierte Arbeitskräfte handelt, die dem Erwerbsleben bis zur Pensionierung erhalten bleiben.

Die Rentenversicherung hat die Aufgabe, das Existenzminimum für all jene zu gewährleisten, die sich im Rentenalter befinden. Entsprechend ist dieser Mindest-Standard repräsentativ und operabel zu definieren. Das ist aufgrund statistischer Daten durchaus möglich, auch wenn das von den Gegnern regelmäßig bestritten wird. Selbstverständlich sind die Renten jährlich und automatisch der Entwicklung des Geldwertes anzupassen. Schließlich geht es um die Erhaltung der Kaufkraft von Renten beziehungsweise des garantierten Mindesteinkommens.

In die Rentenversicherung sind auch alle selbstständig Erwerbenden einzubeziehen, das Obligatorium hat auch für sie zu gelten. Ist diese Gruppe nicht willens oder imstande, freiwillig selbst ausreichend vorzusorgen, so droht ihr Altersarmut; man verfügt nicht über jenes Mindesteinkommen, das von der Rentenversicherung gewährleistet wird. Dann sind solche Selbstständige auf Sozialhilfe angewiesen. Dabei müssen andere für sie geradestehen, die ausreichend vorgesorgt haben. Es sind Personen, die über Steuerzahlungen die Sozialhilfe finanzieren müssen. Das ist Grund genug, Personen in die Rentenversicherung einzubeziehen. Der Einwand, das verstoße gegen den Grundsatz der Freiwilligkeit, ist marktwirtschaftlich nicht haltbar.

Die Finanzierung der Rentenversicherung hat im Rahmen der gruppenmäßigen Äquivalenz ausschließlich durch die Versicherten zu erfolgen. In der sozialen Marktwirtschaft ist der Grundsatz zu beachten, wonach eine Umverteilung von Einkommen ohne die Unternehmen (also die Arbeitgeber) ausschließlich zwischen Personen vorzunehmen ist. Es gilt die Regel, dass durchgehend und strikt zwischen dem Einsatz von Ressourcen (Allokation) und sozialen Maßnahmen (Umverteilung) zu trennen ist: hier «Markt» – dort «Umverteilung».

In der Regel zahlen auch Arbeitgeber Beiträge an die Renten- und andere Sozialversicherungen. Beliebt ist eine paritätische Variante, wobei das Aufbringen der Beiträge hälftig erfolgt. Diese Regel wird als fair und solidarisch verkauft und kommt entsprechend gut an. Doch in Wirklichkeit hat man es mit einer Umverteilungs-Illusion zu tun, oder anders ausgedrückt: mit einer Schein-Umverteilung.

Die Beiträge der Arbeitgeber sind letztlich auch Lohnnebenkosten, die in die Kalkulation eingehen müssen. Kann man diese vorwärts auf die Preise überwälzen, so machen sie schließlich die Konsumenten zu Lastenträgern. Darunter befinden sich auch Arbeitnehmer, die nicht ungeschoren davonkommen. Gelingt die Vorwärtsüberwälzung nicht, so üben die Unternehmen Lohndruck aus, um sich auf diesem Wege zu entlasten. In dem Maße, wie das funktioniert, sind erneut die Arbeitnehmer die Lastesel. Erweist sich der Lohndruck als nicht erfolgreicher Weg, so verbleiben die Lasten bei den Unternehmen. Das wirkt sich negativ auf ihre Gewinne aus, was sich entsprechend auf Innovationen und Investitionen durchschlägt. Darunter leidet das wirtschaftliche Wachstum, letztlich der Wohlstand aller, demnach auch jener der Arbeitnehmer, die angeblich von den Beiträgen der Arbeitgeber profitieren sollen. Und nicht zuletzt: Die Lohnnebenkosten stoßen nicht selten in Dimensionen vor, die anhaltende Rationalisierungsmaßnahmen und den Abbau von Arbeitsplätzen unausweichlich machen. Dann sind erneut die Arbeitnehmer an der Reihe, werden zu Lasteseln der gemischten Finanzierung der Rentenversicherung.

Aufgrund der eben geschilderten Verteilungsmechanismen ist es auch in sozial-marktwirtschaftlicher Hinsicht tragbar, ausschließlich die Nutznießer (die Versicherten) in die Finanzierung der Renten- und aller anderen Sozialversicherungen zu involvieren.

Zum Schluss geht es um die steuerliche Behandlung von Beiträgen an die und Leistungen der Rentenversicherung. Zum einen dürfen sie nicht abzugsberechtigt sein: sonst würde eine Steuervergünstigung (also eine indirekte Subvention) vorliegen. Erneut würden auch jene belastet, die nicht der Rentenversicherung angehören und für Steuerausfälle aufkommen müssen. Zum anderen müssen die Leistungen der Rentenversicherung von allen Steuern befreit werden, denn man hat es hier mit dem Existenzminimum zu tun, das unangetastet bleiben muss.

6.1.2 Die betriebliche Vorsorge

Die gesetzliche Rentenversicherung hat, wie begründet, die Aufgabe, das Existenzminimum für jedermann zu garantieren. Doch das reicht nicht aus, um nach der Pensionierung den gewohnten Lebensstandard fortzusetzen. Daher drängt es sich auf, die Aufbringung der Differenz über die betriebliche berufliche Vorsorge bis in mittlere Einkommensschichten hinein zu ermöglichen. Dazu richtet man eine Zweite Säule, die berufliche Vorsorge, ein. Sie orientiert sich am Kapitaldeckungsverfahren. Versicherte zahlen hier ein, die Beträge werden gutgeschrieben, angelegt und verzinst. So kommen Altersguthaben zustande, welche für die Bemessung von individuellen Renten maßgebend sind.

Vorab stellt sich die Frage, ob man bei der betrieblichen Vorsorge auf Freiwilligkeit oder auf ein Obligatorium setzen soll. Es ist davon auszugehen, dass Arbeitnehmer – zumindest nicht jenseits durchschnittlicher Haushaltseinkommen – kaum freiwillig einer Institution der betrieblichen Vorsorge beitreten und so vorsorgen werden. Es kommt hinzu, dass sie selbst kaum imstande sind, über Jahrzehnte hinweg jene Anlageentscheide zu treffen, die ihnen die Fortsetzung des gewohnten Lebensstandards ermöglichen. Nicht wenige müssen massiv herunterfahren und sich mit den Leistungen der gesetzlichen Rentenversicherung zufriedengeben. Um ihnen dieses Schicksal zu ersparen, ist es nur folgerichtig, die betriebliche Vorsorge obligatorisch zu erklären. Im Gegensatz zur gesetzlichen Rentenversicherung gilt dies aber ausschließlich für abhängige Erwerbstätige (Arbeitnehmer).

Den Selbstständigen kann man anheim stellen, ob sie einer entsprechenden Institution beitreten wollen oder nicht. Nicht wenige unter ihnen sind ohnehin einer berufsständischen Vorsorgeeinrichtung angeschlossen.

Die betriebliche Vorsorge darf nicht an einzelne Unternehmen (zum Beispiel Daimler) gebunden sein, denn: sonst sind die Arbeitnehmer auf Gedeih und Verderb der Entwicklung von Unternehmen, welcher Größe auch immer, ausgesetzt. Es kommt hinzu, dass die Anlagepolitik ins Fahrwasser der Interessen von Arbeitgebern geraten kann. Hier ist die Versuchung groß, Kredite an bedrohte Unternehmen aus der beruflichen Vorsorge zu gewähren, verbunden mit der Hoffnung, Arbeitsplätze zu retten.

Unverzichtbar sind aus diesem und anderen Gründen betriebsunabhängige, autonome Vorsorgeeinrichtungen. Dazu zählen auch Branchen-Pensionskassen, wie jene der berufsständischen Vorsorgeeinrichtungen.

Die Finanzierung hat in Analogie zur gesetzlichen Rentenversicherung zu erfolgen, ausschließlich durch die Versicherten, denn auch hier herrscht die gleiche Umverteilungsillusion in Bezug auf Arbeitgeberbeiträge. Angesagt ist auch die gleiche steuerliche Behandlung.

Für die Anlagepolitik sind verbindliche gesetzliche Richtlinien vorzugeben, die entsprechend durch eine Behörde kontrolliert werden. Dominant geht es um eine konservative Anlagepolitik, mit einer entsprechenden Diversifikation. Was das konkret bedeutet, kann man aus zahlreichen Publikationen erfahren, die sich mit einer erfolgreichen Anlagepolitik befassen.

Unbedingt erforderlich ist auch die volle Freizügigkeit für die berufliche Vorsorge. Bei einem Wechsel des Arbeitgebers und/oder der Vorsorgeeinrichtung darf nichts von der alten Pensionskasse einbehalten werden. Das Altersguthaben gehört ausschließlich dem Versicherten und ist entsprechend an die neue Vorsorgeeinrichtung zu übertragen.

Abschliessend noch eine Forderung: Bei einem Ableben vor dem Eintritt in das Pensionsalter dürfen die Ansprüche nicht bei der Vorsorgeeinrichtung verbleiben. Sie sind an die Erben auszubezahlen. Sonst würde eine nicht berechtigte Umverteilung, eine Subventionierung, zustande kommen.

6.1.3 Die Arbeitslosenversicherung

Die Höhe und Struktur der Arbeitslosigkeit hängt von einer Reihe von Faktoren ab. Grundsätzlich schwankt sie meist mit einer zeitlichen Verzögerung zum konjunkturellen Ablauf. Sie nimmt im Abschwung und in einer Rezession zu. Erholt sich die Wirtschaft, so tendiert sie nach unten. Daneben kann der wachstumsbedingte und -erforderliche Strukturwandel der Wirtschaft zu Arbeitslosigkeit führen. Die Sockelarbeitslosigkeit ist umso höher, je unflexibler der Arbeitsmarkt ist. Hier spielt der Kündigungsschutz eine entscheidende Rolle. Je schwieriger es ist, jemanden zu entlassen, desto mehr zögern Unternehmen, jemanden einzustellen, denn sie müssen befürchten, ihn beschäftigen zu müssen, auch wenn es dafür keine Aufträge gibt. Und schließlich sind die Leistungen der Sozialversicherung so zu bemessen, dass sie nicht freiwillige Arbeitslosigkeit produzieren. Je näher die Leistungen am zuletzt bezogenen Nettolohn angesetzt werden, desto größer ist diese Gefahr. Finanziell lohnt es sich dann nämlich nicht mehr, einer Beschäftigung nachzugehen.

Die Finanzierung der Arbeitslosenversicherung hat durch

lohnabhängige Beiträge der Versicherten zu erfolgen. Eine zusätzliche Finanzierung von außerhalb, durch staatliche Zuschüsse, ist a priori abzulehnen, denn sie verbilligt die Leistungen, was die Nachfrage entsprechend anregt. Daraus entwickelt sich tendenziell mehr Arbeitslosigkeit. Stellen sich Engpässe in der Finanzierung ein, so nimmt der Druck auf den Staat zu, seine Zuschüsse aufzustocken, um die Versicherten vor Beitragserhöhungen zu schonen. Mit solchen Forderungen hat man besonders in einer Rezession oder in Wahljahren bombensicheren Erfolg.

Die Arbeitslosenversicherung muss stets selbst finanziell handlungsfähig sein – und bleiben. Voraussetzung dazu ist die Realisierung von Überschüssen bei guter Konjunktur, um über ausreichende Reserven bei schlechter Wirtschaftslage verfügen zu können. Am Ende eines konjunkturellen Zyklus muss die Finanzlage ausgeglichen sein; es dürfen keine Defizite vorliegen. Es ist analog zum zyklischen Ausgleich öffentlicher Haushalte zu verfahren. Außerdem sind die Reserven der Arbeitslosenversicherung kurzfristig anzulegen, um jederzeit verfügbar zu sein.

Doch die Realität sieht anders aus: In Wirklichkeit sind Arbeitslosenversicherungen in hohem und steigendem Ausmaß verschuldet, und zwar vorwiegend beim Staat, aber auch bei öffentlichen und sogar privaten Banken. Das gilt übrigens auch für andere Sozialversicherungen, wenn diese nicht über die erforderlichen Reserven verfügen. Die Schulden der Arbeitslosenversicherung werden meist nicht getilgt.

Wie wird damit verfahren? In der Regel übt man Druck auf den Staat aus, damit er auf seine Forderungen verzichtet. Eine solche Verlagerung von Schulden führt natürlich zur Erhöhung der Schulden der öffentlichen Haushalte. Es ist daher nur folgerichtig, den Ausweg in die Verschuldung zu sperren. Die Arbeitslosenversicherung muss selbst und allein mit ihren finanziellen Problemen fertig werden. Reichen dazu laufende Einnahmen und Reserven nicht aus, so sind die Beiträge entsprechend zu erhöhen, und zwar unabhängig von der konjunkturellen Entwicklung. Da es sich ausschließlich um eine Umverteilung von Einkommen zwischen Beschäftigten und Arbeitslosen handelt, entbehrt das Argument, zusätzliche Beiträge würden Nachfrage und Konjunktur negativ beeinflussen, der Grundlage.

6.2 Das Gesundheitswesen

Das Gesundheitswesen gehört zu jenen öffentlichen Bereichen, die in hohem Ausmaß Finanzmittel beanspruchen. Die Ausgaben wachsen seit Jahrzehnten progressiv zum BIP. Das hat eine Reihe von Gründen:

1. Als erster Faktor sind das Bevölkerungswachstum und die Alterung der Bevölkerung mit einem rasch wachsenden Anteil jener jenseits von 65 Jahren zu nennen. Hier nehmen die Gesundheitsausgaben progressiv zu. Die letzten Jahre eines Versicherten können durchaus mehr an Kosten verursachen als das ganze vorherige Leben.
2. Weiterhin geht es um die Zivilisationskrankheiten, mangelnde Bewegung, Fehlernährung, Alkohol, Nikotin und Stress während des Erwerbslebens und darüber hinaus.
3. Außerdem treibt der willkommene medizinisch-technische Fortschritt die Kosten an.
4. Das Gesundheitswesen ist naturgemäß kapital- und lohnintensiv, einschließlich der Lohnnebenkosten.

5. Es gibt Überkapazitäten; sie sind eine schwere Belastung für das Gesundheitswesen. Krankenhäuser zu schließen ist unter politischem Druck in der Regel nicht möglich.

Das Gesundheitswesen strotzt geradezu von Fehlanreizen an alle Beteiligte: Zuschüsse an Spitäler und Krankenkassen verbilligen die Leistungen und regen die Nachfrage entsprechend an. Eine Finanzierung über lohnabhängige Beiträge führt zu einer massiven Umverteilung der Lasten. Untere, breite Einkommensschichten bezahlen nur einen Bruchteil dessen, was sie an Kosten verursachen. Werden Prämien an Krankenkassen nicht kostengerecht, sondern sozial ausgestaltet, so wird die Umverteilung zusätzlich verstärkt.

Nicht zuletzt sind sogenannte Bagatellfälle zu beachten, sie fallen erheblich ins Gewicht. Wenn es hier keine Kostenbremsen gibt, haben Versicherte keine Veranlassung, sich zurückzuhalten. Sie denken kaum daran, selbst tätig zu werden, auf Arztbesuche zu verzichten, sich in der Apotheke beraten zu lassen. Schließlich zeichnet sich das Gesundheitswesen durch «Moral Hazard» aus, einen allgemeinen Fehlanreiz: Hat man einmal Prämien und/oder Beiträge bezahlt, so möchte man auch davon profitieren: Nicht wenige feiern krank, obwohl sie (faktisch) gesund sind, und: Für psychosomatische Krankheiten gibt es kaum Grenzen.

Aus liberaler Sicht wird Freiwilligkeit statt Zwang gefordert, aber: Bei Freiwilligkeit werden zahlreiche Personen sich entweder nicht oder nur unzureichend gegen Krankheitskosten versichern. Viele können dann im Ernstfall nicht für die von ihnen verursachten Kosten aufkommen; also müssen andere, die sich versichert haben, einspringen. All das geschieht in der Regel über steuerfinanzierte Zuschüsse oder durch die Sozialhilfe. Deshalb ist ein Obligatorium unverzichtbar. Es ist sogar, ob man es mag oder nicht, ein Gebot der Finanzierungsgerechtigkeit.

Damit stellt sich die Frage, was die obligatorische Krankenversicherung abzudecken hat. Selbstverständlich nicht alles und jedes, sondern ausschließlich eine operabel zu definierende Grundversorgung. Darüber hinaus liegt es im Ermessen der Einzelnen, ob und in welchem Ausmaß sie sich zusätzlich versichern wollen. Für Unterlassungen ist eine klare Regel unverzichtbar. Wer nicht ausreichend vorgesorgt hat, der muss selbst, ohne Sozialstaat, die Konsequenzen tragen. Es geht nicht an, dass schon wieder jene einspringen müssen, die selbstverantwortlich gehandelt und entsprechend vorgesorgt haben.

Auch und vor allem im Gesundheitswesen ist strikt zwischen der Erbringung von Leistungen (Allokation) und der sozialen Komponente zu trennen. Es gilt der Grundsatz, dass nicht Objekte (Spitäler), sondern nur einzelne Personen (Subjekte) subventioniert werden dürfen. Daher sollten Krankenhäuser keine Zuschüsse erhalten, die Übernahme von Defiziten sollte entfallen. Krankenhäuser sollten organisatorisch und finanziell verselbstständigt werden und sich hinfort über kostendeckende Gebühren (Tarife) finanzieren. Nur so wird es zu einem echten, unverfälschten Wettbewerb kommen. Jene Spitäler, die nicht kostendeckend betrieben werden können, werden sich gezwungen sehen, Überkapazitäten abzubauen oder zu schließen. Das ist eine effiziente Vorsorge gegen extrem kostspielige Überkapazitäten im Gesundheitswesen.

Die Finanzierung der Krankenkassen sollte nicht über lohnabhängige Beiträge, sondern nur über Prämien finanziert werden, die individuellen Risiken entsprechen. Es versteht sich von selbst, dass die unteren, breiten Einkommensschichten durch solche Prämien finanziell überfordert sein können. Daher kommt *nur hier,* nicht anderswo, die Subjektförderung zum Zuge. Jenen, die finanziell überfordert sind, wird vom Staat unter die Arme gegriffen, indem er individuellen Situationen entsprechende Subventionen ausrichtet.

Bei der Ausgestaltung der Leistungen von Krankenkassen sind zumindest zwei Elemente einzubauen. Zum einen ist ein Selbstbehalt angesagt. Die Leistungen der Krankenkassen setzen in diesem Fall erst ein, wenn ein bestimmter Betrag von zum Beispiel 1000 Euro oder 1500 CHF pro Person und Jahr überschritten werden. Zum anderen sind ein Bonus- und ein Malus-System erforderlich: Wer keine oder nur geringe Leistungen beansprucht, der erhält einen Rabatt auf seine nächsten Prämien. Wer hingegen Leistungen über eine bestimmte Grenze hinaus beansprucht, muss einen Zuschlag in Kauf nehmen. Dies wären wirksame Instrumente zur Steuerung der Nachfrage im Gesundheitswesen.

Nun noch ein letztes Postulat: Die Vorsorge gegen Krankheit, Unfall (mit oder ohne Invalidität) und die Pflegeversicherung müssten in eine Versicherung integriert werden. Zum einen kann man damit den Verwaltungsaufwand entscheidend senken. Zum anderen herrscht so volle Transparenz im Gegensatz zu drei Versicherungen, die unabhängig voneinander operieren. Außerdem hätte es noch einen sinnvollen Nebeneffekt: So könnten Überversicherungen vermieden werden. Das Ideal wäre allerdings eine Groß-Risiken-Versicherung: Sie deckte alle entsprechenden Leistungen ohne zeitliche Beschränkung ab. Darüber hinaus läge es im Ermessen eines jeden, ob und in welchem Ausmaß er sich versichern möchte.

6.3 Die öffentlichen Haushalte

Damit kommen wir zu einem «Klassiker» der Diskussion über Staatsschulden und Staatsausgaben: Erste Priorität hat die Aufgabenverteilung zwischen dem öffentlichen und dem privaten Sektor. Der Staat muss sich überall dort zurückziehen, wo der Markt möglich und auch effizienter ist: Es geht um Privatisierungen.

Zwar wurden hier ab den 1980er-Jahren substanzielle Fortschritte auch außerhalb von Großbritannien und den USA erzielt, aber im Laufe der Finanzkrise ab 2007 kam es zu markanten Rückschlägen.

So mussten private Unternehmen aus dem industriellen Sektor massiv mit Garantien, Liquiditäts- und Kapitalspritzen gerettet werden – auch außerhalb der Automobilindustrie. Daneben erwies es sich als unausweichlich, den Kollaps des globalen Finanzsystems zu verhindern. Zahlreiche große Player, vor allem Banken und Versicherungen, wurden mit Staatsgarantien, Liquiditätsspritzen auch von den Zentralbanken und staatlichen Kapitalbeteiligungen über Wasser gehalten. Der Staat stieg bei Großbanken zum gewichtigen Aktionär auf, zum Beispiel bei der Royal Bank of Scotland (RBS). Nun ist in den nächsten Jahren Herkulesarbeit zu leisten, um sich aus solchen und anderen Engagements allmählich zurückzuziehen und entsprechend zu reprivatisieren.

Jenseits der Entwicklung seit 2007 existiert weiterhin ein hoher Spielraum für Privatisierungen. Dafür eignen sich alle öffentlichen Leistungen, die individuell den Nutznießern zugerechnet werden können. Das ist mit Ausnahme der äußeren und inneren Sicherheit, dem Justiz- und Geldwesen sowie der

Verwaltung grundsätzlich überall möglich. Zu privatisieren ist stets dann, wenn private Anbieter effizienter sind als der Staat. Natürliche Monopole wie zum Beispiel die Wasserversorgung sollten allerdings staatlich reguliert und durch ein unabhängiges Gremium kontrolliert werden.

Sozialpolitische Einwände sind ohne Weiteres zu entkräften: Ist jemand durch Preise, Gebühren oder Tarife finanziell überfordert, so springt, wie oben ausgeführt, die Subjektförderung ein.

Erste Priorität haben bei der Privatisierung Produktions-, Verkehrs-, Versorgungs- und Entsorgungsunternehmen, demnach unter anderem Bahn, Post, Telekom, Energie und Wasserversorgung, regionale und kommunale Verkehrsbetriebe, «Stadtwerke» sowie Abfall- und Abwasserwirtschaft. In dem Maße, wie der Staat hier und darüber hinaus privatisiert, fließen ihm substanzielle Mittel zu. Diese darf er nicht sozusagen als Privatisierungsdividende über (zusätzliche) Staatsausgaben an die Bevölkerung verteilen, sondern sie sind in vollem Umfang für den Abbau seiner Schulden zu verwenden. Zum einen liegt das auch im Interesse künftiger Generationen, die entlastet werden. Zum anderen nimmt die Zinsenlast ab und entlastet dann die Steuerzahler.

6.3.1 Aufgabenverteilung im Staat

Die Wirklichkeit zeichnet sich durch eine Verflechtung von Aufgaben und Finanzierung zwischen verschiedenen Gebietskörperschaften aus. Das ist umso mehr der Fall, je mehr kooperativer Föderalismus herrscht. Aufgaben werden von zwei und mehr Gebietskörperschaften wahrgenommen. Das hat kostspielige Doppel- und Mehrfachspurigkeiten zur Folge. In dem Maße, wie untergeordnete Staatsebenen Beiträge von oben erhalten, können Fehlanreize nicht ausbleiben. Je mehr man von außen mit Beiträgen bedacht wird, desto großzügiger geht man mit öffentlichen Mitteln um. Meist mangelt es an Kostenbewusstsein. Oft erliegt man der Versuchung, Projekte zu groß und nicht bedarfsgerecht zu dimensionieren. Das ist besonders dann der Fall, wenn die Beiträge nach tatsächlich angefallenen Kosten bemessen werden. Zwar sind pauschalierte Beiträge effizienter, aber auch sie sind nicht frei von Fehlanreizen. Darüber hinaus herrscht im kooperativen Förderalismus nicht ausreichende Transparenz, in welchem Ausmaß welche Aufgaben von wem wahrgenommen und finanziert werden. Daraus sind marktwirtschaftliche Konsequenzen zu ziehen.

Angesagt ist eine volle Entflechtung von öffentlichen Aufgaben. Für eine bestimmte Aufgabe, zum Beispiel die Landesverteidigung, sollte jeweils nur eine einzige Ebene zuständig sein. Demnach gibt es reine nationale Aufgaben (beim Bund), regionale Aufgaben (bei den Bundesländern, Kantonen, Provinzen) und lokale (kommunale) Aufgaben. Anzuwenden sind finanzwissenschaftliche Kriterien, wie die Nutzen-Kosten-Kreise. Sind die Nutzen von Aufgaben landesweit gestreut, so liegt eine nationale Aufgabe vor. Entsprechend ist mit den anderen Staatsebenen zu verfahren. In dem Maße, wie Nutzen und Kosten über einzelne untergeordnete Ebenen hinaus in andere hineinstreuen, ist ein Lastenausgleich erforderlich. Sonst liegen räumliche Wettbewerbsverzerrungen vor. Es geht nicht zuletzt auch darum, unberechtigte Profiteure zur Verantwortung zu ziehen.

Konsequenzen sind auch bei der Finanzierung notwendig. Wer für eine Aufgabe zuständig ist, hat sie auch selbst zu finanzieren. Das hat allerdings zur Voraussetzung, dass jede Gebietskörperschaft selbst über entsprechende Finanzquellen verfügt, die sie autonom gestalten darf. Erforderlich ist eine ergiebige Steuer, demnach die Einkommenssteuer natürlicher und juristischer Personen. Das Recht, sie zu erheben, sollte daher allen Staatsebenen zustehen. Die optimale Variante ist jeweils ein Zuschlag auf eine Steuer, die ausschließlich vom Bund zu veranlagen ist. Nun kann vermieden werden, dass insbesondere in Gemeinden Rücksicht auf einflussreiche Personen genommen und unterschiedlich veranlagt wird.

Verfügen einzelne Gebietskörperschaften, aus welchen Gründen auch immer, nicht über ausreichende Mittel, um ihre Mindestaufgabe zu erfüllen, so muss «von oben» eingesprungen werden, aber nicht mit den üblichen kostenabhängigen Beiträgen, sondern mit Überweisungen zur freien Verfügung. Zum einen stärkt das die Autonomie insbesondere von kleinen Gebietskörperschaften. Zum anderen sehen sie sich nicht mehr gezwungen, Projekte zu realisieren, nur um so in den Genuss von Beiträgen zu gelangen.

6.3.2 Abbau von Subventionen

Von der Notwendigkeit, Subventionen abzubauen, ist seit Jahrzehnten immer wieder die Rede. Dazu ist es allerdings nicht gekommen, im Gegenteil: Subventionen sind nicht nur absolut, sondern auch in Prozenten der Staatsausgaben angewachsen. Subventionen sind definitionsgemäß Transfers, also Unterstützungen an private und öffentliche Unternehmen. Man darf sie nicht mit den Sozialtransfers, die Zuschüsse an Sozialversicherungen und darüber hinaus an untere Einkommensschichten sind, verwechseln. Subventionen sind als Starthilfen für unternehmerische Aktivitäten gedacht und haben daher vorübergehenden Charakter. In der Praxis wurden sie aber kaum ausgesetzt, wenn ihr Zweck erfüllt war. Man setzte sie einfach fort, sozusagen als Einkommenszuschüsse. Die Subventionsempfänger betrachten die Subventionen nicht erst heute als ein wohlerworbenes Recht. Von Subventionen profitieren angeblich oder tatsächlich notleidende Unternehmen, Branchen und ganze Regionen. Die Subventionsempfänger verfügen meist über eine starke Lobby, die erfolgreich verhindern kann, dass es zu einem Abbau oder gar einer Streichung von Subventionen kommt. Es geht aber nicht nur um das Ausmaß an Subventionen, sondern auch um die damit verbundene Bürokratie, welche mit der Kontrolle betraut ist. Hier werden in erheblichen Ausmaß Arbeitskräfte (Beamte) eingesetzt, die anderswo fehlen. Die Subventionsbehörden haben letztlich auch kein Interesse am Abbau von Subventionen, denn damit würden sie ihre eigenen Arbeitsplätze gefährden, ein Ausbau ist ihnen lieber.

Subventionen sind in der Regel mit vielfältigen kontraproduktiven Auswirkungen verbunden, wenn sie nicht rechtzeitig abgesetzt werden. Sie be- und verhindern den wachstumsbedingten und wachstumserforderlichen Strukturwandel der Wirtschaft. Es kommt dabei zu Wettbewerbsverzerrungen und zu einem verfehlten Einsatz von Ressourcen. Darunter leiden die Arbeitsproduktivität und die wirtschaftliche Dynamik, letztlich die Entwicklung des Wohlstandes.

Subventionen fördern die Überproduktion von Gütern und Diensten, besonders dann, wenn sie mit einer Absatzgarantie verbunden sind. Das typische Beispiel ist die Landwirtschaft mit ihren chronischen Überschüssen an Milch, Butter und

Fleisch. Um den Absatz zu fördern, gewähren viele Staaten Verbilligungssubventionen, auch um den Export zu fördern. Zwar profitiert davon der mengenmäßige Absatz, aber das macht auch den Weg frei für eine erneute zusätzliche Erzeugung am Bedarf vorbei. Man hat es hier offensichtlich mit einem *perpetuum mobile* zu tun. Subventionen aller Art sind ein systemfremdes Element der Marktwirtschaft. Folgerichtig sind sie abzubauen und abzuschaffen. Erbringen private und öffentliche Unternehmen aber Leistungen – im öffentlichen Interesse, die am Markte nicht honoriert werden –, so hat man es mit gemeinwirtschaftlichen Leistungen zu tun. In der Ökonomie spricht man von externen Erträgen. Sie sind entsprechend durch die öffentliche Hand abzugelten, und zwar analog zur Anlastung von externen Kosten bei ihren Verursachern (Verursacherprinzip). Dazu einige typische Beispiele:

- Erhält das nationale Bahnunternehmen die Auflage, Strecken zu betreiben, die betriebswirtschaftlich nicht rentabel sind, so erzeugt es gemeinwirtschaftliche Leistungen.
- Zwingt der Staat eine Telekom, in abgelegenen Regionen Netze zu erstellen und zu betreiben, die sich nicht rechnen, so liegt das gleiche Phänomen vor.
- Muss die Landwirtschaft sich in den Dienst der Natur- und Kulturpflege stellen, so wird das nicht am Markte honoriert. Sie produziert entsprechend gemeinwirtschaftliche Leistungen. Das ist zum Beispiel mit Flächenbeträgen abzugelten.

Entscheidend ist allgemein, dass der Begriff der gemeinwirtschaftlichen Leistungen nicht so extensiv interpretiert wird, dass darunter im Extremfall all jene Aktivitäten fallen, die schon bisher subventioniert wurden, denn das wäre dann Etikettenschwindel.

Für den Abbau von Subventionen bieten sich vor allem zwei Varianten an: Zum einen entscheidet man sich für einen prozentual gleichen, linearen Abbau aller Subventionen, ohne jegliche Ausnahme. Nur so, nicht anders, werden alle gleich gerecht behandelt. Zugleich muss ein verbindlicher Zeitplan für die nächsten Schritte bis zum vollständigen Abbau vorgegeben werden. Am schnellsten wirkt die radikale Methode: Man schafft alle Subventionen auf einmal ab, innert eines Jahres oder innerhalb einer einzigen Budgetperiode. Das ist wohl nur in einer extremen Situation machbar, wenn der Staat unmittelbar vor der Zahlungsunfähigkeit steht. Zur Abfederung unerwünschter einkommensmäßiger Auswirkungen bei einzelnen Personen ist, wie oben beschrieben, auch hier auf die Subjektförderung zurückzugreifen.

6.3.3 Der öffentliche Dienst

Die Entlohnung im öffentlichen Dienst wird nach anderen Grundsätzen als jenen der Marktwirtschaft gestaltet. Es ist daher überfällig, Beamte und Angestellte wie die Arbeitnehmer in der Privatwirtschaft zu behandeln, sie in jeder Beziehung den gleichen Bedingungen zu unterwerfen. Dazu gehören unter anderem folgende Reformen (Diese wurden zwar regelmäßig diskutiert, aber nicht verwirklicht):

Der Status des Beamten ist ein historisches Relikt, er ist staats-, nicht marktwirtschaftlich. Die Gleichstellung aller Arbeitnehmer, wo sie auch immer tätig sein mögen, verträgt sich nicht mit dem Beamtenstatus. Daher sollte jedermann nur auf Zeit, nicht lebenslang, privatwirtschaftlich und unter marktmäßigen Bedingungen angestellt werden. Das erhöht den Leistungsdruck und die Flexibilität, verbessert die Effizienz und hat substanzielle Einsparungen bei den Personalausgaben zur Folge.

Abzuschaffen sind alle Privilegien. Ruhegehälter werden durch eine oder mehrere Beamtenpensionskassen abgelöst. Ihnen sind alle Mitglieder des öffentlichen Dienstes angeschlossen. Die Kasse finanziert sich wie die betriebliche Altersvorsorge ausschließlich durch Beiträge der Versicherten. Nach dem gleichen Grundsatz ist auch bei den Beamtenkrankenkassen zu verfahren, sie sind vom Staat abzukoppeln. Abzuschaffen sind auch alle anderen Vergünstigungen wie zum Beispiel zinsgünstige Darlehen und subventionierte Wohnimmobilien für Beamte und Angestellte.

Die Entlohung im öffentlichen Dienst ist von bisherigen Mechanismen zu befreien. Diese haben nicht so sehr mit erbrachten Leistungen, sondern eher mit Geschenken zu tun. Es darf nicht mehr nach Alter befördert werden. Treueprämien entfallen, denn sie sind in einer Zeit, in der jedermann froh sein darf, einen Arbeitsplatz zu haben und nicht entlassen zu werden, geradezu absurd.

Die eigentliche Entlohung hat sich an Leistungen, nicht an Funktionen, beruflicher Ausbildung oder Diplomen zu orientieren. Das erfordert eine objektive Bewertung von Arbeitsplätzen. Kriterien sind zum Beispiel die Zahl der Schüler je Klasse, bearbeitete Gesuche oder erledigte Steuerveranlagungen. Wo immer möglich, ist eine Kombination von Grundgehalt und variabler Bezahlung zu realisieren. Nur so besteht ein Anreiz, mehr als andere zu tun und effizienter zu arbeiten.

Der soziale Ausgleich ist nicht die Aufgabe privater und öffentlicher Arbeitgeber. Das gilt auch und vor allem für Lohnfortzahlungen bei Krankheit und Arbeitslosigkeit, Kindergeld sowie Urlaubs- und Weihnachtsgeld. Diese Aufgabe ist jeweils bedarfsgerecht von den dafür eingerichteten Sozialversicherungen wahrzunehmen und selbst zu finanzieren. Im Zuge solcher Reformen können sich Unternehmen substanziell entlasten, die Kosten senken und leistungsfähiger werden.

6.3.4 Wer kann, bezahlt selbst

Das moderne Steuersystem wird nach dem Grundsatz der individuellen Leistungsfähigkeit von Steuerpflichtigen gestaltet. Das Kernstück ist die Einkommenssteuer natürlicher Personen mit einem progressiven Tarif. Steuern sind Zwangsabgaben ohne konkrete Gegenleistung. Man versteht sie als Opfer an die Gemeinschaft, entsprechend haben sie kollektiven Charakter. Das steht im eklatanten Widerspruch zur Marktwirtschaft. Diese verlangt eine staatliche Finanzierung nach dem Äquivalenzprinzip. Hier geht es um Leistung und finanzielle Gegenleistung, analog zum marktwirtschaftlichen Mechanismus von Angebot und Nachfrage mit entsprechenden Preisen. Damit rücken kostendeckende Gebühren in den Mittelpunkt der staatlichen Finanzierung. Das Leistungsfähigkeitsprinzip heißt neu: Wer kann, bezahlt selbst.

Wie an erforderlicher Stelle oben ausgeführt, kann man überall dort Gebühren erheben, wo die Benützer von öffentlichen Angeboten bekannt und die Kosten individuell zurechenbar sind. Das ist in zahlreichen Bereichen möglich: so unter anderem im privaten und öffentlichen Verkehr, bei der Wasser- und Energieversorgung sowie in der Entsorgung. Dazu kommt das Gesundheitswesen, das in hohem und wachsendem Ausmaß öffentliche Mittel absorbiert. Man hat es hier durchwegs mit Bereichen zu tun, die nicht kostendeckend, sondern mit hohen Zuschüssen aller Art betrieben werden. Entsprechend fehlt eine effiziente Steuerung im Einsatz von Ressourcen: In diesem Ausmaß liegt eine eigentlich vermeidbare öffentliche Verschwendung vor.

Auch im Bildungswesen können die Leistungen individuell zugerechnet werden. Entsprechend ist es möglich – und marktwirtschaftlich –, die Steuerfinanzierung durch kostendeckende Gebühren abzulösen, und zwar vor allem bei den Hochschulen. Hier erhalten Studierende, die nicht über ein ausreichendes Einkommen verfügen, Stipendien, die über Steuern finanziert werden. Das wird zwar als soziale Gerechtigkeit verkauft, aber damit werden nur Illusionen über die tatsächliche Umverteilung von Einkommen deutlich. Schon in den 1970er-Jahren wurde empirisch nachgewiesen, dass jene Steuern, die der Finanzierung von Hochschulen dienen, überproportional von den breiten, unterdurchschnittlichen Einkommensschichten stammen. Die Studierenden aus diesem Bereich sind aber an den Hochschulen unterproportional vertreten. Die Folge ist eine Umverteilung von unten nach oben. Daher ist es auch sozial nicht verwerflich, die Hochschulen mit kostendeckenden Gebühren zu finanzieren und Darlehen an Studierende zu gewähren, die sich sonst ein Studium nicht leisten können – natürlich nicht zeitlich unbeschränkt, sondern für eine befristete Dauer.

6.3.5 Reform des Steuersystems

Der Staat hat regelmäßig neue Steuern eingeführt, ohne die alten anzupassen oder aufzuheben. Das geschah in flagranter Verletzung jener Grundsätze, die von der Finanzwissenschaft entwickelt und von der modernen Demokratie sanktioniert wurden. Es gilt heute erst recht, was Adolph Wagner vor weit über hundert Jahren über das Steuersystem bemerkte: Es ist ein Chaos von Steuern. Darin kennen sich nur noch Steuerberater aus. Der Normalbürger findet sich im Steuerdschungel nicht mehr zurecht. Er ist der Macht der Steuerbürokratie mehr oder weniger schutzlos ausgesetzt. Daher ist es überfällig, das Steuersystem radikal zu vereinfachen, für die Steuerpflichtigen transparent, gerecht und tragbar zu gestalten.

Steuern müssen den Grundsätzen der Ergiebigkeit und Erhebungsbilligkeit genügen. Demnach sind alle Bagatellsteuern nicht sinnvoll und daher abzuschaffen. Zum einen liegt ihr Beitrag zur Finanzierung des Staates im Bereich von Promillen bis wenigen Prozenten. Zum anderen sind die Kosten der Erhebung prohibitiv hoch. Das degradiert sie zu einem Selbstzweck, zur Schikane.

Es ist allgemein bekannt, dass Steuern auf den Vermögensverkehr im Allgemeinen und zu Lasten des Kapitalverkehrs im Besonderen nicht systemkonform sind. Der Wechsel an Eigentum jeder Art ist ein rein juristischer Vorgang, der weder Erträge, Gewinne noch Einkommen produziert. Wenn solche Bemessungsgrundlagen im Spiel sind, werden sie von entsprechenden anderen Steuern erfasst. Zu den Steuern, die ersatzlos aufzuheben sind, gehören unter anderem die Erbschafts- und Schenkungssteuer, die Grunderwerbssteuer (bei Handänderung), die Börsen-, Emissions-, Stempel- und die Verrechnungssteuer.

Keine Berechtigung haben auch Vermögenssteuern. Sie gehen wie auch die Vermögensverkehrssteuern zu Lasten der Substanz, sind kapitalbildungs- und eigentumsfeindlich, vernichten Produktivvermögen zum Nachteil von Innovationen, Investitionen und Arbeitsplätzen. Nicht zu übersehen ist die doppelte, diskriminierende Belastung des Sparens. Das verstößt gegen den Grundsatz, wonach Steuerobjekte nur einmal, nicht doppelt oder mehrfach belastet werden dürfen. Im Rahmen der Besteuerung ist es systemkonform, nur laufende, regelmäßige Einkommen zu erfassen und zu belasten. Das impliziert, dass alle Vermögenszuwächse von Steuern zu befreien sind. Das betrifft vorrangig Grundstücks- und Kapitalgewinne. Diese dürfen weder der allgemeinen Einkommenssteuer noch speziellen (Sonder-)steuern unterworfen werden.

Das erklärte Ziel einer jeden Steuerreform ist der *Mindeststeuerstaat*. In der Markwirtschaft dürfen Steuern erst erhoben werden, wenn das Potenzial, das in Privatisierungen, Gebühren und Beiträgen steckt, ausgeschöpft wurde. Auch im Mindeststeuerstaat haben indirekte Steuern Vorrang vor den direkten Steuern. Indirekte Steuern konzentrieren sich auf Steuerobjekte, direkte Steuern orientieren sich an Subjekten und dringen entsprechend in die private Sphäre ein. Den indirekten Steuern kann man legal ausweichen, indem man von ihnen belastete Güter und Dienste weniger oder gar nicht kauft. Bei den direkten Steuern gibt es kein legales Entrinnen, wenn zum Beispiel das Einkommen erwirtschaftet ist. Zum marktkonformen Mindeststeuerstaat gehören folgende Steuern und Abgaben.

- Die Mehrwertsteuer ist der systemgerechte Typ der allgemeinen Umsatzbesteuerung. Die unteren Einkommensschichten sind so zu entlasten, dass die regressive und unsoziale Wirkung bei voller Überwälzung zu einer proportionalen Belastung führt. Das ist am besten durch eine Befreiung bestimmter Güter des täglichen Bedarfs (zum Beispiel Nahrungsmittel) zu erreichen, für die es eine Freiliste geben sollte. Darüber hinaus ist ein einziger, einheitlicher Steuersatz zu erheben. Das ist auch erhebungstechnisch die optimale Lösung, die zur Voraussetzung hat, dass es, wie auch immer begründet, keine einzige Ausnahme – zum Beispiel für eine Branche – geben darf.

- Systemkonform sind auch spezielle Verbrauchssteuern, so zum Beispiel auf Alkohol und Nikotin, um den entsprechenden Konsum zu steuern (Ordnungssteuer). Solche Steuern müssen unbedingt zwei Kriterien erfüllen. Zum einen haben sie ergiebig zu sein, was auf Bagatellsteuern nicht zutrifft. Zum anderen sind sie stets auf der Produktionsstufe zu erheben (Fabriksteuer). Hier hat man im Gegensatz zum Detailhandel mit relativ wenigen Steuerpflichtigen zu tun. Das erleichtert die Kontrolle und hält die Erhebungskosten niedrig.

Die Einkommenssteuer natürlicher Personen, sowohl die Lohn- als auch die veranlagte Version, sollte grundsätzlich reformiert, und bei der Veranlagung sollten auch die nahezu unzähligen Vergünstigungen beseitigt werden, denn es handelt sich um nichts anderes als indirekte Subventionen. Das allein sichert die Transparenz und schafft erheblichen Spielraum für Tarifsenkungen. Sofern Abzüge beibehalten werden, sind sie ohne Ausnahme zu pauschalieren. Erforderlich ist ein Voll-Splitting, um jener Zahl von Personen gerecht zu werden, die von einem Haushaltseinkommen leben müssen.

Im Mittelpunkt der Debatten über Reformen der Einkommenssteuer steht seit weit über hundert Jahren die Progression. Sie wird als unverzichtbar erklärt, um dem Postulat der Steuergerechtigkeit zu genügen. Diese Forderung ist ideologisch motiviert, vermag einer objektiven Finanz- und wirtschaftspolitischen Analyse aber nicht standzuhalten. Es ist, wie nachfolgende Ausführungen zeigen werden, überfällig, die Progression abzuschaffen und durch einen einzigen Belastungssatz, einen proportionalen Tarif, zu ersetzen.

Als die Einkommenssteuer 1799 in England eingeführt wurde und von dort aus seinen Siegeszug antrat, orientierte man sich zunächst an den Steuergrundsätzen von Adam Smith (1723–1790), dem Vater der modernen Nationalökonomie. Danach soll jedermann entsprechend seinem Einkommen Steuern bezahlen. Damit ist ein proportionaler Tarif gemeint. Doch dagegen kämpften radikale Ökonomen an; sie verlangten die Progression. Danach wechselten eine Reihe von Industrieländern im Laufe von Jahrzehnten zur Progression. Bis Anfang der 1980er-Jahre kletterten die Spitzensteuersätze, auch kriegsbedingt, bis über 80 Prozent, und zwar vor allem in Wohlfahrtsstaaten wie Skandinavien, Großbritannien und einer Reihe von angelsächsisch geprägten Ländern, wie zum Beispiel Neuseeland. Bevor Ronald Reagan 1980 in den USA an die Macht kam, gab es auch dort ebenfalls exorbitante Spitzensätze. Inzwischen ist die Spitzenbelastung zwar in zahlreichen Ländern markant gefallen, in einigen auch unter 50 Prozent, die Progression ist aber geblieben. Die «Flat-Rate Tax»-Diskussion ist mehr oder weniger im Sande verlaufen.

Im Rahmen des Leistungsfähigkeitsprinzips wird die Progression mit einem sinkenden Grenznutzen von Einkommen begründet. Um ein gleiches, proportionales Steueropfer zu erreichen, sei ein entsprechend progressiv verlaufender Tarif unverzichtbar. Doch das ist nichts anderes als graue Theorie: Über den Verlauf von Nutzen individueller Einkommen gibt es keine repräsentativen empirischen Untersuchungen. Zudem variieren die Nutzen von gleichen Einkommen von Person zu Person, und: Nach dem Opferkonzept der Besteuerung ist sowohl eine progressive, eine proportionale oder sogar eine regressive Tarifgestaltung möglich. Allein schon deshalb ist es ein Gebot der Vernunft, auf die Progression zu verzichten.

Dafür sprechen auch eine Reihe von anderen, vorwiegend wirtschaftspolitischen Gründen. Die Progression fördert die Steuerhinterziehung. Je höher die Belastung, desto größer ist der Anreiz, sich entsprechend zu entlasten. Deshalb gibt die Progression auch Anlass, in die Schattenwirtschaft auszuweichen. Dabei gehen nicht nur Steuereinnahmen, sondern auch Beiträge an die Sozialversicherungen verloren. Daneben vertreibt die zu hohe Steuerbelastung Reiche ins steuergünstige Ausland. Und schließlich sind hohe Steuersätze kontraproduktiv, weil sie dem Arbeitseinsatz, den Investitionen und Innovationen und damit dem wirtschaftlichen Wachstum schaden.

Bei der Einkommenssteuer juristischer Personen, der Gewinnsteuer, ist die Erhebung nicht a priori zu rechtfertigen. Unternehmen sind letztlich die Drehscheibe der Wirtschaft, sozusagen ein Durchlaufposten. Die Nettoumsätze unterliegen der Mehrwertsteuer. Die Leistungen der Arbeitnehmer werden mit Löhnen oder Gehältern honoriert und von der Lohnsteuer erfasst. Es bleiben als Restgröße die Gewinne übrig. Sofern sie an die Aktionäre ausgeschüttet werden, ist die Einkommenssteuer natürlicher Personen am Zuge. Der Rest, die einbehaltenen Gewinne, dienen der Selbstfinanzierung. Sie sind die Grundlage für die Produktion von Einkommen der Arbeitnehmer, Selbstständigen und Aktionäre. Zugleich werden sie für die Finanzierung von Investitionen, Innovationen und Arbeitsplätzen eingesetzt und stärken die Leistungsfähigkeit der Wirtschaft. Daraus ergibt sich zwingend: Die Gewinnsteuer hat weder im traditionellen und schon gar nicht in einem marktwirtschaftlichen System zur Finanzierung des Staates Platz: Sie wäre ersatzlos zu streichen.

Ist es, aus welchen Gründen auch immer, nicht möglich, auf die Gewinnsteuer zu verzichten, so ist Wettbewerbsneutralität angesagt. Die ideale Lösung wäre eine «Betriebssteuer». Danach werden Gewinne unabhängig von der Rechtsform von Unternehmen gleich veranlagt und belastet. Scheidet auch diese Variante aus, so gilt auf jeden Fall: Die Gewinne von Unternehmen sind mit dem gleichen proportionalen Tarif wie jene bei der veranlagten Einkommensteuer natürlicher Personen (Selbststständige) zu besteuern. So wird das Postulat der Wettbewerbsneutralität verwirklicht.

Zu einem vollständigen Steuersystem gehören auch Lenkungsabgaben mit ökologischen Zielen. Aber auch hier ist auf die Ergiebigkeit und den administrativen Aufwand zu achten. Nur so kann verhindert werden, dass es unter dem Deckmantel eines populären ökologischen Gedankens zu einem Chaos von Abgaben kommt, die zum Bagatellbereich gehören. Über alle Zweifel erhaben ist eine allgemeine Energiesteuer. Zum einen ist sie sehr ergiebig, zum anderen bewirkt sie einen sparsameren Umgang mit nicht regenerierbaren Ressourcen.

6.4 Chancen von Reformen

Die klassische Schuldenregel, wonach der Staat sich nur für Investitionen verschulden darf, scheiterte an der politischen Praxis. Es gelingt nicht, den Haushalt dauerhaft auszugleichen. Die öffentlichen Ausgaben und Einnahmen werden nicht flexibel von Jahr zu Jahr angepasst. Defizite in einem Abschwung oder in einer Rezession kommen sozusagen automatisch zustande. Erholt sich die Wirtschaft, so verzichtet man darauf, die Steuern zu erhöhen, um einen zyklischen Budgetausgleich zu erreichen. Beliebt ist die Argumentation, Steuererhöhungen würden die Konjunktur abwürgen; sie seien daher kontraproduktiv. Deshalb bleiben die erforderlichen Maßnahmen aus, und der zyklische Budgetausgleich wird verfehlt. Das Ergebnis sind konjunkturunabhängige, strukturelle Defizite. Faktisch nützt es so viel wie nichts, wenn der Haushaltsausgleich verfassungsmäßig verankert wird. Man ist schlicht und einfach nicht fähig, sich daran zu halten.

Die Abkoppelung der Sozialversicherungen von Arbeitgeberbeiträgen könnte man dadurch erleichtern, dass die Arbeitgeber ihre bisherigen Beiträge als Lohnbestandteil auszahlen. Doch danach wären sie nicht mehr in der Pflicht. Beitragserhöhungen gehen dann ausschließlich zu Lasten der Arbeitnehmer, das heißt der Versicherten und Nutznießer. Zwar handelt es sich grob gesprochen um eine finanzierungsneutrale Reform. Dagegen werden aber vor allem die Gewerkschaften Sturm laufen, sie halten eisern an der paritätischen Finanzierung durch Arbeitgeber und Arbeitnehmer fest. Ihre Macht ist derart groß, dass sie eine konservativ-liberale, bürgerliche Regierung in schwere Bedrängnis bringen können. Schützenhilfe erhalten sie von linken Parteien, die einen Regierungswechsel anstreben. Daher wird man einer solchen Kraftprobe aus dem Wege gehen: Es bleibt alles beim Alten.

Auch die organisatorische und finanzielle Verselbstständigung der öffentlichen Krankenhäuser dürfte kaum auf Gegenliebe stoßen. Die Krankenhäuser haben sich derart an die Defizitabdeckung durch die öffentliche Hand gewöhnt, dass sie nicht darauf verzichten wollen. Zugleich erscheint es ihnen zu riskant, sich neu einem Wettbewerb auszusetzen, dem sie mentalitätsmäßig nicht gewachsen sind.

Ebenfalls wird die Einführung von risikogerechten, individuellen Krankenkassenprämien allgemein auf schroffe Ablehnung stoßen. Welche politische Partei möchte derart mächtige Wählergruppen enttäuschen? Zwar ist das Argument auch sozial stichhaltig, dass Subventionen an jene, welche durch kostendeckende Prämien finanziell überfordert sind, entsprechend gezahlt werden. Doch auch diese Reform könnte an der Macht des Faktischen, den gewohnten Verhältnissen scheitern.

Die oben propagierte Neuverteilung öffentlicher Aufgaben und ihrer Finanzierung stößt traditionell auf massiven Widerstand. Untere Gebietskörperschaften, insbesondere Bundesländer, wollen ihre Aufgaben möglichst behalten. Sie berufen sich auf das föderalistische Subsidiaritätsprinzip. Die Abneigung gegen Zentralisierungstendenzen hin zum Zentralstaat sind ihnen ein Dorn im Auge. Aber zugleich fordern sie mehr Beiträge vom Zentralstaat, um ihre Aufgaben von oben finanzieren zu lassen. Es darf daher nicht erstaunen, dass der Transferhaushalt des Bundesstaats tendenziell wächst und unter Umständen zur finanziellen Überforderung des Zentralstaates führen kann. Besonders in föderalistischen Staaten, mit einer starken Zweiten Kammer (Bundesrat in Deutschland; Ständerat in der Schweiz), erscheint es fast aussichtslos, die Beiträge des Bundes zurückzufahren oder gar abzuschaffen.

Nicht grundsätzlich anders sieht es bei den breit gestreuten Subventionen an zahlreiche Branchen, nicht nur die Landwirtschaft, aus. Die Steuervergünstigungen – die ja indirekte Subventionen sind – haben nicht wenige, wenn meist auch andere Nutznießer. Gezielte Kürzungen haben schon deshalb kaum Chancen, weil die Empfänger sich solidarisch verhalten. Man lehnt Maßnahmen, die nicht alle treffen, ab, weil man davor Angst hat, selbst später an der Reihe zu sein. Deshalb wird nach dem Grundsatz «Wehret den Anfängen» gehandelt.

Eine Gesamtlösung, die Kürzungen mit Steuersenkungen kombiniert, verspricht auf den ersten Blick hin mehr Erfolgschancen, aber für eine solche Jahrhundertreform bräuchte es eine breit verankerte Regierung, die sich durchzusetzen vermag. Sie müsste zwingend am Anfang einer Legislaturperiode handeln. Hat sie nämlich gleich die nächsten Wahlen vor Augen, so wird sie wohl kneifen.

Der Abschied vom Beamtenstatus im öffentlichen Dienst ist eine Herkulesaufgabe, die am Widerstand der mächtigen Beamtenorganisationen scheitern dürfte. Schließlich hat der Beamtenstaat nicht nur in Deutschland eine lange Tradition und wird als unverzichtbares Element des modernen Staates angesehen. Daher erscheint es «vernünftig» zu sein, den Beamtenstatus nur für Neuzugänge im öffentlichen Dienst abzuschaffen. Dagegen wird man voraussichtlich einwenden, damit schaffe man zwei Klassen von «Staatsdienern». Das dürfte wohl am Argument der «Diskriminierung» scheitern.

Wir sehen – und wir werden noch darauf zurückkommen–,

dass vor allen Maßnahmen, die für ein eigenverantwortlicheres und krisensicheres Staatswesen notwendig sind, große Hindernisse zu überwinden sind. Reformen, selbst kosmetische, scheitern regelmäßig an einer typischen Argumentationskette: Ist die Wirtschaft auf dem Wege nach unten, so hört man, dass Reformen die Menschen verunsicherten und konjunkturpolitisch kontraproduktiv seien. Bewegt sich die Wirtschaft wieder nach oben, so wartet man zunächst ab – und verzichtet später mit dem Hinweis, dass es ja von selbst wieder besser gehe und Reformen den Aufschwung abwürgen könnten.

Was soll man dazu sagen? Es gibt eine grundsätzliche historische Erfahrung: Fundamentale, einschneidende Reformen haben erst eine Chance, wenn Staaten unmittelbar vor der Zahlungsunfähigkeit angelangt sind. Man kann daher davon ausgehen, dass die langfristigen Trends in der Staatsverschuldung weder gebrochen noch umgekehrt werden. Daher nähert man sich in absehbarer Zeit, dem *Point of no return*. Anders ausgedrückt: Der Countdown hat schon begonnen, spätestens mit dem Beginn der Finanzkrise im Frühjahr 2007.

7 Der Countdown läuft

Die Einschätzungen über die kurz- und mittelfristige Zukunft gehen diametral auseinander. Es tobt ein Kampf zwischen den Optimisten und den Realisten. Letztere werden als Pessimisten und Schwarzseher bezeichnet. Mit ihnen hat man sogar Mitleid, denn sie scheinen nicht fähig und willens, die positiven Zeichen zu erkennen und zu akzeptieren. Mit ihrem Pessimismus würden sie Menschen und Wirtschaft negativ beeinflussen.

Pessimismus wirkt sich – so die allgemeine Haltung – kontraproduktiv auf eine wirtschaftliche Entwicklung aus, die sich aus der Talsohle gelöst habe und auf dem Wege nach oben sei. Schließlich hätten wir im Frühjahr 2009 die Finanz- und Wirtschaftskrise hinter uns gelassen. Daher haben jene einen schweren Stand, die vor absehbaren Staatsbankrotten und Währungsreformen warnen und für eine radikale Umkehr plädieren. Optimisten operieren mit einem breitgefächerten Handlungsszenario, um gute Stimmung zu verbreiten. Wir wollen prüfen, ob Gesundbeten helfen kann …

7.1 Das «Alles wird gut»-Szenario

Die erste Argumentationslinie lautet so: Den arg gebeutelten Banken, vor allem denen in den USA, gehe es wieder besser. Sie seien über den Berg und machten wieder beachtliche Gewinne. Diese stammten unter anderem von der Emission und dem Handel von und mit Staatsanleihen, hochverzinslichen Unternehmensanleihen, vom drastisch gesunkenen Abschreibungsbedarf und dem Eigenhandel mit Wertpapieren aller Art. Auch hätten Emission und Handel bei Derivaten die Talsohle hinter sich gelassen, es gehe wieder aufwärts. Im Oktober 2008 kam aus den USA die frohe Botschaft, dass die Finanzindustrie 2009 wieder Boni ausschütten werde, die jenseits des Rekordes vor dem Einsetzen der Finanzkrise lägen.

Ergo sei die Immobilienkrise in den USA, die maßgeblich zum Ausbruch der Finanzkrise im Frühjahr 2007 beigetragen hatte, überwunden. Dabei beruft man sich nicht zuletzt auf den Case-Shiller-Hauspreis-Index, welcher die Entwicklung in den großen US-Agglomerationen wiedergibt. Der Angebotsdruck bei bestehenden und neu gebauten Häusern habe nachgelassen, sei daran, auszulaufen. Die Preise hätten angefangen, wieder anzuziehen. Das verleihe der gesamtwirtschaftlich wichtigen Bauwirtschaft erhebliche Impulse.

Weiter wird argumentiert, die Weltwirtschaft sei auf den Wachstumspfad zurückgekehrt. Die Talsohle sei sowohl in den USA, in der EU als auch in Japan im Laufe des Sommers 2009 durchschritten worden. Nun gehe es definitiv aufwärts. Man habe die Wirtschaftkrise hinter sich lassen können.

Zwar wurde ab Herbst 2008 intensiv darüber diskutiert, ob es zu einer raschen (V-Formation) oder einer schwachen Erholung mit leichtem Rückfall und erneuter, definitiver Erholung (W-Formation) oder einer langjährigen Stagnation in der Talsohle (L-Formation) kommen werde. (Diese Begriffe beziehen sich auf die Konjunkturlinie auf einer x/y-Achse.)

Doch schon im Sommer 2009 waren alle Zweifel verflogen:

Die Optimisten rechnen mit einer raschen und nachhaltigen Erholung. Dabei verweisen sie unter anderem auf die US-Rezessionen vom Herbst 1990 bis Frühjahr 1991 und das Jahr 2001. Eine solche Erholung ist hoch willkommen, denn sie ist mit einer positiven Ausstrahlung auf alle von der Finanz- und Wirtschaftskrise gebeutelten Sektoren verbunden.

Im optimistischen Szenario geht man davon aus, dass die rekordhaft niedrigen Zinsen auf Jahre hinaus unten bleiben. Das wird unter anderem mit der Notwendigkeit begründet, nicht über steigende Zinsen die Erholung am Immobilienmarkt und in der Gesamtwirtschaft zu bremsen oder gar abzuwürgen. Gleichzeitig werde der Anleihenmarkt nicht gestört und durch einbrechende Kurse nicht in Turbulenzen geraten. Niedrige Zinsen seien auch erforderlich, um die Stabilisierung der Finanzindustrie fortzusetzen. Schließlich sei auch der Staat an niedrigen Zinsen interessiert, um seine gegenwärtige Verschuldungspolitik ohne zusätzliche Zinsausgaben fortsetzen zu können.

Seit geraumer Zeit tobt ein Kampf der Meinungen, ob eine Deflation oder eine Inflation zu befürchten sei. Die Deflation sei schon deshalb keine realistische Option, weil Notenbanken und öffentliche Haushalte eine sehr expansive Politik betreiben. Daher fehle es nicht an Liquidität, um eine Expansion des Angebotes an Gütern und Diensten zu sichern. Die Preise müssten daher nicht sinken, um den Angebotsdruck aufzufangen. Eine aufkeimende Inflation sei trotz Geldvermehrung schon deshalb auf Jahre hinaus nicht zu erwarten, weil es keine Engpässe im Angebot gäbe.

Noch optimistischer ist die Annahme, den Notenbanken werde es gelingen, in den nächsten Jahren die überschüssige

Liquidität abzuschöpfen und das Inflationspotenzial entscheidend abzubauen. Den Notenbanken werde es unter anderem gelingen, die von ihnen gekauften Anleihen, finanziert über die Notenpresse, zu veräußern. Dafür gäbe es reges Interesse, so bei institutionellen Anlegern im In- und Ausland. Weiter werde es jenen Banken und Industrieunternehmen, an denen Staaten Kapitalanteile halten, gelingen, ihre Anteile zurückzukaufen, denn sie seien endgültig auf dem Wege der finanziellen Besserung. Zudem seien auch große private Investoren bereit, sich substanziell zu engagieren.

Optimismus herrscht auch in Bezug auf die Bewältigung der rekordhaft angewachsenen Staatsschulden – selbst dann, wenn die Konjunkturprogramme vorübergehend noch weiter aufgestockt werden müssten. Man verweist auf die historische Erfahrung nach dem Zweiten Weltkrieg. Am Ende des Krieges hatten die Schulden in Prozenten des BIP in zahlreichen Ländern einen historischen Rekord erreicht, ähnlich wie heute. Doch der wirtschaftliche Aufstieg der Nachkriegszeit bis Mitte der 1970er-Jahre (Kondratieff-Zyklus) habe die öffentlichen Einnahmen anhaltend sprudeln lassen und entsprechend Finanzierungslücken geschlossen.

Zugleich habe das rasche wirtschaftliche Wachstum die Schuldenquoten relativiert: Sie seien nachhaltig auf ein eher niedriges Niveau gesunken. Eine ähnliche Normalisierung erwartet man für die nahe Zukunft. Daher seien zumindest in den großen OECD-Ländern weder Staatsbankrotte noch Währungsreformen zu erwarten.

Das «Alles wird gut»-Szenario ist nicht frei von Widersprüchen. Zweifelsfrei würde eine robuste und anhaltende Erholung der Wirtschaft sich günstig auswirken und zentrale Probleme zumindest mildern – und zwar sowohl bei den Konsumenten, den Unternehmen, der Finanzindustrie als auch dem verschuldeten Staat.

Eine solche Expansion der Wirtschaft bleibt aber nicht ohne Auswirkungen auf die Zinsen. Sie werden mit einer üblichen zeitlichen Verzögerung anziehen. Das wirkt sich negativ auf alle Bereiche der Wirtschaft aus und natürlich auch auf den Immobilienmarkt, wo die Hypothekarzinsen der maßgebende Faktor sind. Unter Druck geraten auch verschuldete Konsumenten und Unternehmen sowie der Schuldenstaat: Alle sehen sich mit steigenden Zinsverpflichtungen konfrontiert. Und nicht zuletzt: Rasch steigende Zinsen könnten einen Crash an den Anleihemärkten auslösen. Die Kurse von niedrig verzinsten Anleihen (Bonds) würden einbrechen.

Ein anderes Problem darf ebenfalls nicht übersehen werden: Eine rasch wachsende Wirtschaft, mit entsprechender Nachfrage nach Gütern und Diensten, würde das Inflationspotenzial entladen. Doch steigende Zinsen und Inflation sind lediglich zwei Probleme, mit denen die Optimisten konfrontiert sind.

7.2 Das realistische Szenario

Es war voreilig, als im Sommer 2009 verkündet wurde, die Banken- und Finanzkrise sei überwunden. Im Gegenteil – die Situation bleibt kritisch. Dafür gibt es zahlreiche Gründe:

- Es besteht weiterhin ein hoher Abschreibungsbedarf bei «toxischen» Papieren.
- Die Krise bei den gewerblichen Immobilien, zum Beispiel Büros, hat erst begonnen. Die Preise sinken, die Leerbestände nehmen zu.

- Jetzt erst kommen die rezessionsbedingten Kreditausfälle zum Zuge; sie hängen sogar hinter der konjunkturellen Entwicklung her.
- Die Ausfälle bei Konsumkrediten sind noch nicht zu Ende, denn die Arbeitslosigkeit steigt und die verfügbaren Einkommen stagnieren oder sinken gar. Schon deshalb ist eine fristgerechte Tilgung von Konsumkrediten nicht durchwegs möglich.
- In hohem Ausmaß sind noch Kredite an Beteiligungsgesellschaften und Hedgefonds für spekulative Zwecke und bei Übernahmen offen.
- Ein anderes, aber ähnliches Problem sind Kredite der Notenbank vor allem an die Finanzindustrie, die jeweils kurzfristig fällig sind. Auch das ist nicht reibungslos abzuwickeln.
- Und nicht zuletzt: Der Staat hat sich in massivem Ausmaß mit Kapitalspritzen an Großunternehmen beteiligen müssen, um sie vor der Pleite zu retten. Hier ist die Reprivatisierung, der Auskauf von Staatsbeteiligungen fällig. Das ist mit einem hohen Finanzbedarf verbunden, der entsprechende Erträge, nicht neue Kredite, voraussetzt.

Das Fazit: Es wird wohl noch drei bis fünf Jahre dauern, um die Banken- und Finanzkrise zu bewältigen. Erst dann ist es Zeit, um eine abschließende Bilanz zu präsentieren.

In den USA und darüber hinaus in schwer betroffenen Ländern wie Spanien oder Irland war die Krise am Häusermarkt nicht zu Ende, obwohl das seit Frühjahr 2009 verkündet wurde. Es fällt dabei auf, dass die Voraussagen über die Wende seit 2008 immer wieder revidiert und zeitlich verschoben wurden.

Zwar gab es positive Nachrichten aufgrund von repräsentativen Indikatoren (zum Beispiel Case-Shiller-Index) bis in den Herbst 2009 hinein. Doch schon damals mehrten sich die Anzeichen, dass es über den Winter bis ins Frühjahr 2010 zu einem Rückfall kommen könnte, und tatsächlich: Um Jahresende 2009 sackte er wieder unter den Vorjahresstand. Der angesehene Beratungsdienst «Value Line Investment Survey» rechnet erst ab Frühjahr 2011 mit einem Aufschwung am US-Häusermarkt.

Es ist nicht mehr als Wunschdenken, davon auszugehen, es werde den Notenbanken in absehbarer Zeit gelingen, die überschüssige Liquidität entscheidend abzubauen. Zum einen geht die öffentliche Verschuldung weiter, und zwar nicht nur 2009 und 2010, sondern auch darüber hinaus, wie zahlreiche Prognosen überzeugend zeigen.

Dabei spielen die Notenbanken eine strategische Rolle: Sie werden weiterhin Staatsanleihen kaufen, nicht zuletzt, um die Zinsen niedrig zu halten. Finanziert wird das über die Notenpresse. Zum anderen werden kurzfristige Darlehen fällig. In der Regel deckt man solche Verpflichtungen mit neuen Krediten ab. Und solange die Finanz- und die Wirtschaftskrise nicht bewältigt sind, werden sich zusätzliche Kredite als erforderlich erweisen.

Zudem ist es verfrüht, damit zu rechnen, dass die Staaten andere Engagements wie Beteiligungen an Unternehmen problemlos am Markte veräußern könnten. Dieser ist unter den aktuellen Bedingungen nicht fähig, relevante Volumina zu absorbieren. Denn auf der Gegenseite fehlt den Unternehmen das eigene Geld, um Beteiligungen, die von Staaten gehalten werden, zurückzukaufen. Wenn sie es trotzdem täten, müssten sie erneut auf günstige Kredite der Notenbanken zurückgreifen. Das Inflationspotenzial bleibt also über die nächsten Jahre hinaus erhalten. Man könnte schon froh sein, wenn es gelänge, die überschüssige Liquidität zu stabilisieren.

Die Zinsen werden – und müssen – auf Jahre hinaus tief bleiben und sich knapp über null bewegen. Dafür gibt es eine Reihe überzeugender Gründe («Finanzwoche» vom 21.10.2009). Man kann von einem «Endstadium», von einer Zinsfalle sprechen, in der sich die OECD-Länder von den USA über Europa nach Japan befinden. Japan betreibt seit zwanzig Jahren, ohne greifbaren Erfolg, eine solche Null-Prozent-Zinspolitik. Anziehende Zinsen wären aber Gift für die konjunkturelle Erholung. Diese ist derart fragil, dass sie keine Zinserhöhungen verkraftet. Die rekordhafte Emission von Staatsanleihen ist nur dank sehr niedriger Renditen und dem Aufkauf durch die Notenbanken möglich. Jene Banken, die Staatsanleihen kaufen, finanzieren das mit billigen Krediten der Notenbank und machen dabei dank der Zinsdifferenz sogar ein gutes Geschäft. Eine Platzierung direkt am Anleihenmarkt kann bei derart niedrigen Zinsen nicht klappen. Darüber hinaus sind große Unternehmen, die sich in einem finanziellen Engpass befinden, weiterhin auf extrem günstige Kredite angewiesen. Sollte die Inflation später anziehen, so werden die Notenbanken zögern, eine restriktive Geldmengenpolitik zu betreiben, um einen konjunkturellen Schaden zu vermeiden.

Betrachtet man die Entwicklung langfristig, entdeckt man einen 30-jährigen Zinszyklus. Er spielte sich bei den 30-jährigen Treasury Bonds (Anleihen) in den USA ab und blieb auch außerhalb der USA nicht ohne Auswirkungen. Von 1920 bis 1960 zeigten die Renditen im Trend nach unten, von 1960 bis

1980 nach oben; 1980 erreichten sie mit 14 Prozent einen Rekord. Danach sind die Zinsen bis 2010 markant gefallen. Das zyklische Tief wurde inzwischen erreicht. Zwar ist, wie oben begründet, noch nicht mit einem langfristigen Anstieg zu rechnen. Auf Dauer ist die aktuelle Null-Zins-Politik nicht durchzuhalten. Sie ist nur solange machbar, als die Notenbanken die Wirtschaft weiterhin mit Liquidität überschwemmen und die Orgie bei der öffentlichen Verschuldung ermöglichen. Doch das beschleunigt den Countdown zum Staatsbankrott und untergräbt das Vertrauen in den Staat und die Währung. Leider sind diese Vorgänge auch nicht mehr damit zu verhindern, dass eine restriktive Politik mit steigenden Zinsen betrieben wird, denn der Schuldendienst würde die öffentlichen Haushalte überfordern. Es soll in diesem Buch nicht um Panikmache gehen, aber es muss das nüchterne Fazit ausgesprochen werden: Hochverschuldete Staaten befinden sich in einer ausweglosen Situation,vor allem dann, wenn drastische Sanierungsmaßnahmen an sozialpolitischen Widerständen scheitern.

In Bezug auf die kurz-und mittelfristige Entwicklung der Konjunktur in den USA, aber auch in Europa gehen die Prognosen weit auseinander. Man argumentiert je nach Position mit der historischen Erfahrung. Die Anhänger der V-Formation erhielten Rückenwind von der Hausse an den Aktienmärkten seit Anfang März 2009. Sie schwächte sich ab Oktober 2009 ab. Daraus schließt man, es komme nun auch in der Wirtschaft zu einer raschen und kräftigen Erholung. Dafür führt man auch an, auf einen scharfen konjunkturellen Einbruch folge stets eine ähnliche Erholung. Doch das ist schon deshalb nicht zu erwarten, weil die Rezession in den USA im Herbst 2009 nahezu zwei Jahre alt war und bisher, wie man sieht, nicht kurz verlaufen ist. Der Einbruch war viel zu stark, um innerhalb eines Jahres auf das Niveau vor der Krise zurückkehren zu können.

Als Ersatz hält man als Argument die W-Formation in Reserve: Nach einer Erholung könnte es erneut zu einem Rückfall in die Talsohle kommen, bevor es endgültig aufwärts gehe. Man verweist dabei auf die Doppel-Rezession *(double dip)* von 1980 und 1982. Doch auch dieser Vergleich hinkt, denn ab 1983 kam es in den USA zu einem langfristigen Aufstieg im Kondratieff-Zyklus, zunächst bis zum Beginn der Finanzkrise Anfang 2007. Ein erneuter langfristiger Aufstieg ist jedoch nicht in Sicht.

Die größten Chancen sind wohl der L-Formation einzuräumen. Danach kommt es in den nächsten drei bis fünf Jahren nur zu einer schleppenden, schwachen Konjunkturentwicklung, grob gesprochen zu einer trendlosen Seitwärtsentwicklung, einer Stagnation, in der sich schwache Erholungen und Rückschläge abwechseln. Um die Wirtschaft und das Finanzsystem zu stabilisieren, sind zusätzliche Maßnahmen vom Staat (Verschuldung) und den Notenbanken (Liquidität) erforderlich. Entscheidend ins Gewicht fallen eine Reihe von Problemen:

- Die Immobilienkrise ist noch nicht bewältigt.
- Die Konsumenten sind hoch verschuldet, in den USA um das 1,3-Fache eines Jahreseinkommens.
- In der Industrie waren die Kapazitäten im Herbst 2009 nur zu 70 Prozent ausgelastet. Entsprechend besteht für längere Zeit kein Bedarf an Erweiterungsinvestitionen; diese fallen als Wachstumsmotor also ebenfalls aus.
- Die Finanzkrise ab 2007 hat zu einer historisch rekordhaf-

ten Vermögensvernichtung geführt. Auch daher kann schlicht und einfach keine Konsumdynamik kommen.
- Zurzeit laufen Konjunkturprogramme aller Art allmählich aus – auch dieser Support für die wirtschaftliche Entwicklung lässt nach.

Nicht zu Unrecht wurde 2009 die Frage gestellt: «Wo stehen wir im Kondratieff-Zyklus?» Der «Institutional Strategist» vom 17. August 2009 geht von einem Abstieg im Kondratieff-Zyklus aus, der voraussichtlich bis 2020 dauern dürfte.

Sowohl bei der L-Formation als auch bei einem Abstieg im Kondratieff-Zyklus bestehen kaum Chancen, die Expansion der öffentlichen Schulden (im Verhältnis zum BIP) zu stabilisieren oder gar zu senken. Vielmehr dürfte es zu einem weiteren Anstieg kommen, um gegen eine mittelfristig anhaltende Wirtschaftskrise anzukämpfen. Das ist auch deshalb erforderlich, um gegen den Ausbruch einer neuen Finanzkrise vorzusorgen.

Eine solche könnte in Schwellenländern ausbrechen, denn die entsprechenden Aktienmärkte waren schon im Herbst 2009 fundamental überbewertet und überhitzt, so unter anderem in Brasilien, Russland, Indien sowie in China, demnach in allen BRIC-Staaten.

Der Countdown hin zu Staatsbankrotten und Währungsreformen bleibt also voll im Gange, er könnte sich sogar noch beschleunigen. Dabei darf man sich nicht nur auf die öffentlichen Schulden konzentrieren. Von noch viel größerem Gewicht sind die steigenden Defizite bei den Sozialversicherungen, vor allem bei der Altersvorsorge und dem Gesundheitswesen. Aber auch die Banken, die großen privaten Unternehmen und die

Konsumenten haben die Krise weiterhin als ständigen Begleiter. Auch sie können weder eine langjährige Stagnation und schon gar nicht eine verlängerte Wirtschaftskrise verkraften.

7.3 Japan

Japan ist unter den OECD-Ländern jenes mit der größten Verschuldung, rund 600 Prozent am BIP, wenn man öffentliche und private Haushalte, Unternehmen und die Sozialversicherungen zusammennimmt. Geht man im Extremfall davon aus, dass die Defizite der Sozialversicherung über zusätzliche Kredite finanziert werden müssen, um die versprochenen Leistungen zu erbringen, so ist das Ergebnis mehr als ernüchternd. Japan kann es sich gar nicht leisten, die Zinsen nachhaltig zu erhöhen, weil es sonst zu nicht tragbaren Belastungen kommt; schon ein Prozentpunkt zusätzlich, zum Beispiel von eins auf zwei Prozent, bedeutet bei 600 Prozent Schulden am BIP nicht weniger als sechs Prozent Zusatzzinsen am BIP. Ziehen die Zinsen auf fünf Prozent an, so explodiert der «Dampfkessel», denn 30 Prozent Zinsanteil am BIP sind schlicht und einfach, sowohl ökonomisch als auch finanziell, ein Desaster.

Japan kann jede Hoffnung fahren lassen, dass es über mehr und kräftiges Wachstum eine anhaltende Relativierung der Schuldenquote erreichen könne. Die Quasi-null-Prozent-Zinspolitik der letzten zwanzig Jahre hat ihr Ziel verfehlt. Japan befindet sich seit 1990 nahezu in einer Stagnation. Das Land hat es versäumt, fundamentale marktwirtschaftliche Reformen im Bereich der Binnenwirtschaft durchzuführen. Mehr Wachstum ist nur über eine Steigerung der Arbeitsproduktivität zu erzielen. Doch dazu müssten die traditionellen Strukturen aufgebrochen werden. Danach sieht es aber in absehbarer Zeit nicht aus, denn das Land ist noch nicht für die Erkenntnis bereit, dass das japanische Modell in den letzen zwanzig Jahren versagt hat.

Japan ist in eigener Währung, dem Yen, verschuldet und daher nicht von ausländischen Krediten abhängig. Die Staatsanleihen werden nur zu rund fünf Prozent von Ausländern gehalten. Steigen diese aus, so springt die japanische Notenbank ein und kauft im erforderlichen Maß solche Anleihen auf. Das Land verfügt über relativ hohe Reserven an US-Dollar, die vom überschüssigen Außenhandel stammen. Das indiziert, dass das Ausland Japan nicht in den Staatsbankrott treiben kann.

Diese Erkenntnis sollte aber nicht den Eindruck erwecken, in Japan sei ein Staatsbankrott auszuschließen. Der Weg dorthin begann schon in den 1990er-Jahren, und er wird stufenweise begangen. Wer gespart und in Staatsanleihen und bei Banken festverzinslich investiert hat, ging ertragsmäßig fast leer aus. Die Inflation konnte so nicht ausgeglichen werden; es kam zu realen Einbußen. Hatte sich jemand in japanischen Aktien engagiert, so erlebte er ein Desaster. Der Nikkei-Index hat sich seit 1990 bis zum Herbst 2009 rund geviertelt. Wer japanische Anleihen im Depot hat, der fährt ein hohes Risiko. Die Verschuldung geht weiter, auch um Lücken im Vorsorgesystem zu stopfen. Je länger drastische Sanierungsmaßnahmen ausbleiben, was zu befürchten ist, desto rascher naht das Ende der Sackgasse, und es gibt kein Zurück mehr. Zwar wird man nicht offiziell den Staatsbankrott verkünden, aber eine Währungsreform durchführen müssen.

7.3 USA und der Dollar

Am meisten Beachtung schenkt man der Verschuldung in den USA; andere große Länder fahren sozusagen im Windschatten, genießen keine globale Aufmerksamkeit. Zählt man in den USA die Schulden von Staat, Unternehmen und Konsumenten zusammen, so erhält man für 2008 einen Anteil am BIP von 219 Prozent. Frankreich und Italien bewegen sich (grob) auf dem gleichen Niveau. Deutschland liegt mit 190 Prozent darunter, Großbritannien mit 286 Prozent darüber. Spitzenreiter ist Japan mit 397 Prozent. Zur Besorgnis Anlass gibt aber vor allem die beschleunigte Expansion der Staatsschulden in den USA. Ein Ende ist nicht abzusehen; eine zusätzliche Aufstockung ist in dem Maße erforderlich, als die Erholung der Wirtschaft nicht nachhaltig ist, wovon man ausgehen kann. Finanzierungsprobleme wird es insofern nicht geben, als das FED erneut über die Notenpresse einspringen dürfte, wenn Staatsanleihen nicht wunschgemäß am Markt platziert werden können.

Jene, die vom nahenden Staatsbankrott der USA ausgehen, sind nicht ausreichend informiert. Die USA sind ausschließlich in eigener Währung (USD) verschuldet. Das Land kann daher von niemandem gezwungen werden, die Zahlungsunfähigkeit zu erklären. Man wird auch künftig Dollars drucken und in Umlauf setzen, wenn dafür dringender Bedarf besteht. Kaufen die Ausländer nicht im erwünschten Ausmass US-Treasuries, so springt die Zentralbank (FED) ein. So gesehen gibt es keine Finanzierungsgrenzen, und die USA können demnach den Staatsbankrott selbst vermeiden. Gleichzeitig rückt aber die Zukunft des Dollars in den Mittelpunkt des

Interesses. Mit welchen wirtschaftlichen Auswirkungen ist eine fortgesetzte Verschuldung der USA auch für die globale Wirtschaft verbunden?

Der US-Dollar (USD) befindet sich seit der Freigabe der Wechselkurse 1973 langfristig auf Talfahrt. Dazu beigetragen hat nicht zuletzt die Aufhebung der partiellen Golddeckung im Jahre 1971. Zwar gab es zyklische Erholungen beim Dollar, die fünf bis sieben Jahre dauerten, aber der Trend nach unten ist weiterhin intakt. Nur als Beispiel: Der Dollar hat sich gegenüber dem Schweizerfranken seit 1973 rund geviertelt, im Herbst 2009 wurde die Parität erreicht. Ein Dollar war noch einen Schweizerfranken wert. Ähnlich sieht es auch bei der Deutschen Mark aus, die 1999 in den Euro wechselte. Der Dollar hat auch gegenüber dem Euro in zehn Jahren massiv an Wert verloren. Um es vorwegzunehmen: Von zyklischen Erholungen abgesehen, dürfte der Dollar langfristig weiter nach unten tendieren. Von höchster Brisanz ist die Schicksalsfrage, ob und unter welchen Bedingungen er kollabieren könnte.

In den letzten Jahren wurde intensiv darüber spekuliert, ob und wie man den Dollar als globale Weltwährung ablösen könnte. Der Versuch der Emirate am Persischen Golf, Erdöl in Euro zu handeln, ist gescheitert. Mehr Beachtung fand ein Vorschlag, den Dollar durch einen Währungskorb zu ersetzen, der aus dem Euro, dem Yen und dem chinesischen Yuan bestehen würde. In Südostasien liebäugelt man mit einer Kombination von Yen und Yuan. Es ist aber kaum voreilig, von Sandkastenspielen zu reden. Nicht auszuschließen ist allerdings, dass der Euro in Europa und Yen und Yuan, beide im Alleingang, in Südostasien den Dollar allmählich verdrängen könnten, und zwar im Handel mit Erdöl, Erdgas, Kohle und anderen Rohstoffen über Japan und China hinaus – bis hin nach Australien und den Anrainerstaaten des Persischen Golfs.

Es ist also reines Wunschdenken, davon auszugehen, der Dollar werde auf absehbare Zeit hinaus seine Stellung als globale Leitwährung verlieren. Dafür sprechen eine Reihe von gewichtigen Gründen: Die USA sind die einzige Weltmacht. Ihr Beitrag zum Welt-BIP beläuft sich auf rund 23 Prozent, demnach grob ein Viertel. Um dieses Volumen zu erreichen, muss man das BIP von Japan, Deutschland und China zusammenzählen. New York und die USA dominieren mit großem Abstand die Finanzmärkte. Die New York Stock Exchange ist die globale Leitbörse, an der sich alle anderen orientieren. Es kommt hinzu, dass sämtliche Rohstoffe *(Commodities)* weltweit in Dollar gehandelt werden. Die entsprechenden Märkte liegen vorwiegend in den USA, neben New York auch in Chicago (CBOE).

Um den Dollar ist es allerdings künftig nicht gut bestellt. Der langfristige Abwärtstrend dürfte sich mit zyklischen Erholungen fortsetzen. Das Vertrauen in den Dollar leidet unter verschiedenen Faktoren:

- Es droht eine globale Überflutung mit dem Dollar, die durch das Anwerfen der Notenpresse hervorgerufen wird.
- Es ist nicht vertrauensbildend, dass man in den USA auf Pump lebt. Das gilt nicht nur für den Staat, sondern auch für die Konsumenten.
- Die USA sind zunehmend vom Ausland abhängig, um ihre chronischen Handelsdefizite zu finanzieren, ihre Staatsanleihen zu platzieren und die Rohstoffversorgung zu sichern. Gelingt es den USA nicht, ihren desaströsen Staatshaushalt demnächst unter Kontrolle zu bringen, so droht eine gra-

vierende Dollarkrise («Bank Credit Analyst», Oktober 2009). Davon würden verheerende Wirkungen auf das globale Finanz- und Wirtschaftssystem ausgehen.

Zwar kann niemand die USA dazu zwingen, den Staatsbankrott zu verkünden. Setzt das Land aber um jeden Preis die notenbank-finanzierte Expansion fort, so naht der Tag, an dem Konsquenzen gezogen werden müssen, um nicht in einem finanziellen Desaster zu enden und von einer Hyperinflation überrollt zu werden. Daher darf man eine Währungsreform, konkret einen Währungsschnitt, nicht mehr ausschließen. Damit könnten sich die USA massiv von Verpflichtungen entlasten. Doch das ist weder kurz- noch mittelfristig zu erwarten, sondern erst zu einem gegenwärtig nicht absehbaren Zeitpunkt.

7.4 EU-Länder

Zu Staatsbankrotten kam es im Laufe der Finanzkrise in neuen EU-Ländern, so unter anderem in Ungarn und Lettland. Hier sprang der IMF ein, um die Lage zu stabilisieren. Wie üblich machte der IMF Auflagen, wie die Staatsfinanzen zu sanieren seien, nämlich durch eine nachhaltige Senkung der öffentlichen Ausgaben. Jene Länder, die in Osteuropa in eine extreme Schieflage geraten waren, hatten sich massiv in Euro, einer Fremdwährung, verschuldet. Als ihre Währungen einbrachen, passierte das, was man traditionell von Ländern mit schwachen Währungen kennt. Die Zinsbelastung und die Tilgungen von Euro-Schulden wurden rasch zu einer nicht mehr tragbaren Belastung sowohl für private als auch öffentliche Haushalte.

Solche Währungen sind das beliebte Tummelfeld von Spekulanten. Ihnen gelingt es ohne Weiteres, den Wert solcher Währungen und auch die entsprechenden Aktienmärkte *(Emerging Markets)* kurzfristig nach oben zu treiben. Steigen sie aber aus, um Gewinne zu realisieren, so kollabieren Währungen und Aktienmärkte, denn sie sind zu eng und daher nicht liquid. Das Problem besteht auch außerhalb der Europäischen Union, spektakulär in Island und in der viel größeren Türkei. Als Mitglieder der Eurozone hätten sie einen wirksamen Schutz genießen können, denn das Volumen an Euros ist derart gigantisch, dass die Spekulanten keine Chance haben, ihn in die eine oder andere Richtung (substanziell) zu bewegen.

Unter den EU-Ländern, die der Eurozone angehören, gibt es nicht erst heute eine Reihe von Bankrott-Kandidaten. Dazu zählen allein aufgrund der hohen Belastung des BIP durch Staatsschulden in erster Linie Belgien, Griechenland, Italien, inzwischen auch Irland, Portugal, Spanien und sogar Österreich. Daher stellt sich die entscheidende Frage, ob und was dic EU unternehmen könnte, wenn der Ernstfall eintritt. Springt sie ein oder lässt sie Bankrotte von Mitgliedern zu?

Der Maastricht-Vertrag (Artikel 103 des EG-Vertrages) erteilt der wechselseitigen Haftung für öffentliche Schulden eine Absage. Demnach ist kein EU-Mitglied verpflichtet, einzuspringen, wenn zum Beispiel Griechenland zahlungsunfähig geworden ist. Doch unabhängig davon hat die EU verschiedene Möglichkeiten zu helfen, zum einen über Zahlungen aus dem Struktur- und Kohäsionsfonds, zum anderen im Rahmen eines «gegenseitigen Beistandes», so zum Beispiel der gemeinsamen Emittierung von Staatsanleihen durch die Mitglieder der Währungsunion.

Nicht ausgeschlossen ist auch eine Garantie für Anleihen eines (quasi-)bankrotten Mitgliedes. Daneben sind Finanzhilfen «aufgrund außergewöhnlicher Ereignisse, die sich einer Kontrolle des Mitgliedstaates entziehen», möglich.

In dem Maße, wie die EU für nicht zahlungsfähige Mitglieder, auch außerhalb der Eurozone, einspringt, begibt sie sich auf einen sehr gefährlichen Weg. Zum einen würden Mittel aus den oben erwähnten drei Kassen bestenfalls einen kurzfristigen Aufschub ermöglichen. Doch das reicht nicht aus: Der Druck, noch mehr und sogar dauerhaft mehr Hilfen zu gewähren, nimmt unwiderstehlich zu. Daraus dürfte eine dauerhafte Hilfe resultieren. Zum anderen sind gemeinschaftlich ausgegebene und garantierte Staatsanleihen eine Einladung, sich weiter zu verschulden, denn die entsprechenden Lasten würden von quasi-bankrotten Ländern an noch leistungsfähige Mitglieder ausgelagert, schwergewichtig auf Deutschland.

Unter solchen Voraussetzungen ist folgendes Szenario realistisch: Die wachsende Verschuldung infiziert nicht nur zahlende Mitglieder, sondern auch die EU selbst. Das Ende ist abzusehen: Es kommt auf Dauer zum allgemeinen Staatsbankrott. Um das abzuwenden, wächst der Druck auf die Europäische Zentralbank, über die Notenpresse marode Staatsanleihen aufzukaufen. Die Geldschleusen würden in einem Ausmaß geöffnet, dass daraus eine beschleunigte und schließlich galoppierende Inflation, eine Eurokrise und ein finanzielles und ökonomisches Desaster für ganz Europa resultieren könnte.

Aus dem Geschilderten wird deutlich, dass finanzielle Hilfen für marode Mitglieder den Einstieg in permanente Engagements bis zum bitteren Ende bedeuten. Vielmehr wäre unmissverständlich zu verkünden: Jedes Mitglied muss seine finanziellen Probleme selbst lösen. Das würde ein nützliches und notwendiges Signal geben, die eigenen Staatshaushalte selbst zu sanieren. Wenn das nicht gelingt, so ist der Bankrott einzelner Länder in Kauf zu nehmen.

In einem ersten Schritt wäre ein Moratorium fällig: Die Verzinsung und Tilgung von Staatsanleihen ist auszusetzen. In der Regel reicht das nicht aus, um zu normalen Zeiten zurückzukehren. Daher wird ein teilweiser bis vollständiger Schnitt nicht nur bei Staatsanleihen, sondern auch bei Krediten, vom wem auch immer, unausweichlich. Auf diesem Wege entledigt sich der Staat seiner Schulden. Selbstverständlich bleibt das nicht ohne gravierende Auswirkungen auch auf die innere Stabilität bankrotter Mitglieder. Die EU ist im langfristigen Interesse gut beraten, sich von den entsprechenden Interessenten nicht weichklopfen zu lassen, auch dann nicht, wenn ihre großen Mitglieder, die G-7-Länder Frankreich, Großbritannien und Italien, betroffen sind. Man ist gut beraten, die finanzielle Entwicklung quasi-bankrotter EU-Länder zu verfolgen, um auch als Anleger nicht auf dem falschen Fuß erwischt zu werden.

7.5 Die Zukunft des Euros

Der Euro ist inzwischen mehr als zehn Jahre alt, die Währungsunion erstreckt sich inzwischen auf immer mehr EU-Länder. Die Einführung des Euros im Jahre 1999 wurde sehr unterschiedlich beurteilt. In den USA und Großbritannien wurde schon lange zuvor verkündet: Der Euro kommt nicht. Als dieser entgegen den dortigen Erwartungen zum Zuge kam, ertönte es aus dem angelsächsischen Bereich: Der Euro wird in absehbarer Zeit scheitern.

Aber auch in Kontinental-Europa herrschte nicht nur Zuversicht, sondern auch Skepsis. Ökonomen waren der dezidierten Ansicht, es sei noch zu früh, den Euro einzuführen. Der richtige Zeitpunkt sei jener mit der Vollendung der politischen Union, sozusagen zum Zeitpunkt eines europäischen Bundesstaats. Schließlich setzte sich die Politik durch. Man operierte mit dem Hauptargument, der Euro fördere die politische Union.

Die Einführung des Euros im Jahre 1999 hat sich zu einer Erfolgsgeschichte entwickelt. Er ist die beste der großen Währungen. Der US-Dollar hat seine Talfahrt fortgesetzt und gegenüber dem Euro massiv an Boden verloren. Das Pfund Sterling Großbritanniens ist gegenüber dem Euro massiv eingebrochen und auf dem Weg zu einer maroden Währung. Der Yen ist zwar stark geblieben, aber weder in Europa noch global eine Alternative zum Euro. Pfund und Yen haben als Reservewährung an Bedeutung verloren, sie vereinigen je um 5 Prozent des Gesamtvolumens auf sich. In dem Maße, wie der Dollar als Währungsreserve an Gewicht verlor, hat der Euro zugelegt, er strebt auf 30 Prozent zu. Zwar hat er keine Chance, den Dollar als globale Leitwährung abzulösen. Er dominiert aber zunehmend in Europa. Währungen außerhalb der Eurozone geraten entsprechend in den Sog des Euros. Doch der Euro ist auch mit Problemen behaftet, die man vor allem auf Dauer nicht vernachlässigen darf.

Jene Länder der Eurozone, die unter massivem Druck des EU-Wettbewerbs stehen, mit chronischen Leistungsbilanzdefiziten kämpfen und sich infolge exzessiver Staatsverschuldung am Rande des Staatsbankrottes bewegen, erwägen den Austritt aus der Eurozone. Damit verbindet sich die Hoffnung, über eine eigene alte Währung zu verfügen, so Italien die Lira. Das macht es möglich, sich über anhaltende Abwertungen Luft zu verschaffen und in erforderlichem Ausmaß selbst die Notenpresse anlaufen zu lassen, um die Zahlungsunfähigkeit abzuwenden, denn in der Eurozone sind nicht die einzelnen Mitglieder, sondern nur die Europäische Notenbank berechtigt, Geld zu drucken.

Die Auswirkungen eines Austritts aus der Eurozone werden offensichtlich unterschätzt. Zum einen bleiben die Schulden in Euro, vor allem Staatsanleihen, erhalten. Ist die eigene Währung eingeführt, so sind periodische Abwertungen so sicher wie das Amen in der Kirche. Entsprechend steigt die Belastung durch Euro-Schulden an, was die finanzielle Lage anhaltend verschlechtert. Nationale Währungen, besonders jene kleiner und mittlerer Länder, sind ein bevorzugtes Spielfeld der internationalen Währungsspekulation. Das führt zu einer Destabilisierung solcher Währungen, sogar zu wiederholten Währungskrisen. Setzen solche Länder, wie nicht anders zu erwarten, auf die Notenpresse, um eine Zahlungsunfähigkeit abzuwenden, so spielt sich das ab, was die historische Erfahrung lehrt: Das Vertrauen in die Währung schwindet; die Inflation wechselt in eine Hyperinflation. Den Abschluss bildet eine Währungsreform.

Zumindest auf den ersten Blick hin ist ein Austritt problematischer Länder aus der Eurozone eine Entlastung. Das würde sich allerdings schlagartig ändern, wenn große, noch stabile Länder wie Deutschland aus der Eurozone austreten würden. Das wäre der Anfang vom Ende und die Rückkehr zu zahlreichen nationalen Währungen – mit den bekannten Problemen.

Ein Zerfall der Währungsunion kann nicht ohne negative Auswirkungen auf die Europäische Union und ihren Binnenmarkt bleiben:

- Es werden sich die Krisen bei nationalen Währungen häufen. Das führt zu periodischen Währungsreformen.
- Der Wegfall des Euros würde den Güter- und Dienstleistungsverkehr in der EU stark behindern.
- Die Unzufriedenheit insbesondere in jenen Ländern, die fest damit gerechnet haben, die EU werde sozusagen um jeden Preis einspringen, um ihre Zahlungsunfähigkeit abzuwenden, wird steigen.
- Zwischen den EU-Ländern kommen Spannungen aller Art auf, und historische Animositäten erhalten eine neue Chance. Dabei wird man zweifellos die vermeintlichen oder tatsächlichen Verursacher suchen und auch finden, um sie an den Pranger zu stellen.

Die Wahrscheinlichkeit eines Zerfall-Szenarios sollte nicht überschätzt werden. Sie ist umso geringer, je besser es gelingt, die Vorteile des Euros sichtbar zu machen. Dazu gehören unter anderem folgende Faktoren, die nicht hypothetischer, sondern realer Natur sind:

- Der Euro gewährt einen wirksamen Schutz gegen die internationale Währungsspekulation, vor allem bei den kleinen und mittelgroßen Mitgliedern der Eurozone. Vor mächtigen Spekulanten sind aber selbst große Länder nicht gefeit. So zwang George Soros 1992 das britische Pfund in die Knie und veranlasste das Land, aus dem europäischen Währungssystem (EWS) auszusteigen. Die Mitgliedschaft in der Eurozone macht es (definitiv) möglich, Währungskrisen und -reformen, wie früher zum Beispiel in Frankreich, zu vermeiden.

- Zwar bedauern Mitglieder der Eurozone, dass sie nicht selbst Geld drucken können und das Recht an die Europäische Zentralbank haben abtreten müssen. Das ist aber der beste Schutz gegen die Versuchung, im nationalen Alleingang Geld zu schöpfen, um sich vorübergehend Luft zu verschaffen. Diese Länder sehen sich gezwungen, Sanierungsmaßnahmen durchzuführen, wenn ihre Staatsfinanzen aus dem Ruder laufen.
- Der Euro übt nachhaltigen Druck aus, den Strukturwandel nicht zu be- und verhindern, wettbewerbsfähig zu werden und zu bleiben. Löst das nationale Spannungen aller Art aus, so verfügt man über ein Ventil: Man kann die EU und den Euro zum Sündenbock stempeln, und: Man befindet sich in «guter Gesellschaft», auch andere Länder müssten gleiche oder ähnliche Konsequenzen ziehen.

Die Zukunft des Euros hängt entscheidend von folgenden Faktoren ab:

- Sofort-Hilfen für quasi-bankrotte Mitglieder dürfen nicht zum Dauereinsatz ausarten.
- Die «Nobailout»-Klausel sollte strikt eingehalten werden. Kein Land, auch die EU selbst, darf verpflichtet werden, für Schulden anderer einzuspringen.
- Die EU darf keine Garantie für die Emission von Staatsanleihen durch einzelne Mitglieder übernehmen.
- Die EBZ muss davon absehen, Zuflucht zur Notenpresse

zu nehmen, um einzelnen Mitgliedern unter die Arme zu greifen.

- Schließlich ist äußerste Sorgfalt bei der Aufnahme neuer Mitglieder in die Eurozone, vor allem bei neuen EU-Ländern aus der Osterweiterung, angesagt.

7.6 Deutschland

Deutschland ist sowohl für den Euro als auch die EU von strategischer Bedeutung. Es hat innerhalb der EU ein besonderes wirtschaftliches Gewicht und gehört zudem zu den Gründungsmitgliedern der Europäischen Wirtschaftsgemeinschaft (EWG), basierend auf den Römer Verträgen von 1957. Weiterhin ist Deutschland traditionell ein Garant für die Stabilität des Euros. Das Land drängte erfolgreich auf entsprechende Stabilitätskriterien für Länder, die der Eurozone beitreten wollen: Eine Schuldenquote von 60 Prozent und eine solche bei den jährlichen Haushaltsdefiziten von 3 Prozent am BIP.

Doch im Laufe der Finanzkrise ab 2007 wurden diese Grenzen von nahezu allen EU-Ländern nach oben durchstoßen. Entsprechend sind die Bedingungen, die von Deutschland für die EU und die Eurozone vorgegeben wurden, nicht mehr erfüllt. Ein Austritt aus der Eurozone, die Rückkehr zur alten Deutschen Mark ist aber nicht vorgesehen. Deutschland verbleibt in der Schicksalsgemeinschaft, um nicht Auslöser eines Währungsdesasters zu werden.

In Bezug auf die Staatsschulden ist Deutschland noch in einer besseren Situation als die vergleichbaren großen Länder, wie aus den Tabellen auf den Seiten 92 und 109 hervorgeht.

Die Schuldenquote betrug 2008 mit 64 Prozent knapp mehr als der OECD-Durchschnitt.

Zählt man auch die Schulden von Unternehmen und Konsumenten dazu, so schneidet Deutschland besser als die USA, Italien, Frankreich, Großbritannien und der globale Spitzenreiter Japan ab. Berücksichtigt man auch die Lücken der Sozialversicherungen, die Quasi-Staatsverschuldung, so ist die Situation weniger günstig. Das Land kommt dann mit 182 Prozent am BIP nur wenig besser als Italien mit 245 Prozent am BIP weg. Es gibt also gute Gründe, sich um die Verschuldung zu sorgen, denn spätestens mit der Finanz- und Wirtschaftskrise ab 2007 hat auch in Deutschland der Countdown in Richtung des potenziellen Staatsbankrotts begonnen.

Mit der neuen Bundesregierung aus CDU/CSU und FDP ab Herbst 2009 wurden große Hoffnungen auf eine Wende verknüpft, vor allem im Zusammenhang mit den defizitären Finanzen von Staat und Sozialversicherungen. Das Ergebnis der Koalitionsverhandlung ist aber dürftig. Im Mittelpunkt stehen Steuersenkungen, die von der FDP forciert wurden. Solche zielen an der Haushaltslage vorbei und müssen mit zusätzlichen Schulden erkauft werden. Nicht in Sicht sind nachhaltige Kürzungen bei den laufenden Ausgaben. Man fürchtet sich davor, den Bundesländern und den Sozialversicherungen Opfer zuzumuten. Geradezu ernüchternd ist die Aussage des neuen Finanzministers Schäuble, ein ausgeglichener Haushalt sei eine Utopie. Kaum war die Regierung im Amt, schon kündigte die CSU massiven Widerstand gegen den Vorschlag der FDP an, bei der Einkommenssteuer einen Drei-Stufen-Tarif mit einer Spitzenbelastung von 35 Prozent einzuführen, um die Progression substanziell zu entschärfen.

CDU und CSU haben sich in den letzten Jahren nach links bewegt, sozialdemokratische Postulate übernommen und sie zum politischen Programm gemacht. Das erfolgte jeweils mit dem Hinweis auf die Soziale Marktwirtschaft. Dabei ist den christlichen Parteien offensichtlich nicht bewusst, dass sie nicht erst heute die Grenzen von der Sozialen Marktwirtschaft in den Sozialismus überschritten haben. Dieser Wandel ist der beste Garant dafür, dass der deutsche Wohlfahrtsstaat keine fundamentalen Reformen zu befürchten hat. Man darf mit großer Sicherheit davon ausgehen, dass Deutschland seine Staatsfinanzen nicht sanieren wird, die Wende bleibt aus. Der Countdown in Richtung Staatsbankrott setzt sich fort.

In Deutschland macht das Gespenst einer kommenden Währungsreform die Runde. Man verweist dabei auf 1923 und 1948, als ob es eine historische Zwangsläufigkeit geben würde.

Im Dossier «Vor der nächsten Währungsreform» hat Bernd-Thomas Ramb die Wahrscheinlichkeit eines Eintritts berechnet. Zwischen 2010 und 2020 steigt diese von 2 auf 66,5 Prozent, erreicht 2030 knapp 90 Prozent, um bis 2040 auf 95 Prozent zu klettern. Die größte Wahrscheinlichkeit einer Währungsreform wird in der Legislaturperiode 2013 bis 2017 angesetzt, demnach in absehbarer Zeit.

Gegen eine Währungsreform sprechen aber eine Reihe entscheidender Gründe:

- Die Analogie zu 1948 ist völlig deplatziert. Damals wurde die Währungsreform von der Militärverwaltung der Alliierten vorbereitet und mit deutscher Hilfe durchgeführt. Es ging im Gegensatz zu heute um die Bewältigung der finanziellen Folgen des Zweiten Weltkrieges und um die Abtrennung vom Geltungsgebiet der Reichsmark in der Sowjetisch

Besetzten Zone (SBZ), der späteren DDR. Es gab noch keine Bundesregierung, die aus freien Wahlen hervorgegangen war. Die Währungsreform konnte daher ohne politische Rücksichten durchgeführt werden. Ludwig Erhard äußerte sich Jahre darnach dahingehend, dass eine solche Währungsreform unter normalen politischen Rahmenbedingungen wohl kaum möglich gewesen wäre.

- Deutschland kann, wie andere Euroländer auch, im Alleingang gar keine Währungsreform durchführen. Eine solche setzt den einvernehmlichen Beschluss nicht nur der Mitglieder der Währungsunion, sondern letztlich auch der EU voraus. Solche Beratungen, die nicht unter Verschluss gehalten werden können, wären für die Spekulation ein gefundenes Fressen mit entsprechenden Währungskrisen. Das kann und wird die EU sich nicht leisten. Daher ist eine Währungsreform mit an Sicherheit grenzender Wahrscheinlichkeit auf absehbare Zeit hinaus nicht zu befürchten. Auszuschließen ist jedoch nicht, dass einzelne Länder danach trachten, aus der Eurozone auszutreten, um zu ihrer alten nationalen Währung zurückzukehren.

Es ist somit realistisch, sich vom Phantom Währungsreform zu verabschieden und der Frage nachzugehen, was sich abspielen dürfte, wenn die Zahlungsunfähigkeit später droht.

Erfahrungsgemäß rangieren an erster Stelle zusätzliche Belastungen. Dazu bietet sich die ergiebige Mehrwertsteuer an. Als soziales Gegengewicht ist eine zusätzliche Belastung der mittleren und oberen Einkommensschichten im Rahmen der Einkommenssteuer natürlicher Personen zu erwarten. Nicht unwahrscheinlich ist darüber hinaus eine «Reichtumssteuer» zu Lasten der oberen Einkommensschichten. Fast so sicher wie das Amen in der Kirche ist eine Anhebung der Sätze bei der Erbschafts-und Schenkungssteuer und die Wiedereinführung der laufenden Vermögenssteuer.

Zu diesem bunten Steuerstrauß gehört eine Erhöhung der Belastung bei den speziellen Verbrauchssteuern, so auf Alkohol und Nikotin, also auf nicht lebensnotwendige Konsumgüter. Ausgespart bleiben selbstverständlich auch nicht Energiesteuern, die man mit ökologischen Argumenten schmackhaft machen kann.

Solche Mehreinnahmen machen es möglich, die Zahlungsunfähigkeit nicht nur kurz-, sondern auch mittelfristig hinauszuschieben, Wenn es erneut zu eng wird, so kommt bei den Ausgaben die «Rasenmäher-Methode» zum Zug. Den Nutznießern von Staatsleistungen aller Art wird man eher gleichmäßige Opfer zumuten müssen, um den Staatshaushalt substanziell zu entlasten. Dabei kommen auch Sozialleistungen nicht ungeschoren davon.

Reichen solche Sanierungsmaßnahmen nicht aus, so hat der Staat die Option, Zwangsanleihen zu erheben. Darüber hinaus kann ein Moratorium bei der Verzinsung und Tilgung von Anleihen zum Zuge kommen, um sich nochmals Luft zu verschaffen. Im Extremfall ist ein partieller Staatsbankrott an der Reihe. Der Nominalwert von Staatsanleihen wird heruntergesetzt, zum Beispiel halbiert. Ist auch das nicht ausreichend, so wird die Verzinsung und Tilgung von alten Staatsanleihen definitiv ausgesetzt. Das eröffnet die Chance, ohne Währungsreform von vorn zu beginnen.

Ein solcher Ablauf beschränkt sich grundsätzlich nicht nur auf Deutschland, sondern ist vielmehr ein übliches historisches

Muster. Doch was auch immer – das Fazit für Deutschland lautet: Eine Währungsreform ist nicht in Sicht. Die Zahlungsunfähigkeit kann mit der Ausschöpfung des Potenzials an Mehreinnahmen und Ausgabenkürzungen zwar nicht zeitlich unbegrenzt, aber über einen längeren Zeitraum hinausgeschoben werden. So gesehen ist ein Staatsbankrott wohl erst in einer eher fernen Zukunft zu befürchten.

8 Frühjahr 2010

Den Auftakt zum Staatsbankrott machte 2010 Griechenland. Das Land befand sich am Rande der Zahlungsunfähigkeit. Die EU erkannte den Ernst der Lage und machte Griechenland drastische Auflagen zur Sanierung der maroden Staatsfinanzen. Das jährliche Defizit muss bis 2012 auf 3 Prozent des BIP gesenkt werden. Das ist mit an Sicherheit grenzender Wahrscheinlichkeit nicht zu schaffen. Es stellt sich die entscheidende Frage: Was wird die EU unternehmen, wenn sich das abzeichnet?

Sie wird hart bleiben müssen, denn sonst erwarten alle Länder, die in finanzielle Not geraten, dass auch sie gerettet werden. Aus einem solchen Teufelskreis käme die EU nicht mehr heraus; sie würde sich und den Euro substanziell gefährden. Es scheint nur eine Konsequenz zu geben: Griechenland erklärt seine Zahlungsunfähigkeit und verkündet, dass seine Staatsanleihen und Kredite teilweise oder ganz nicht mehr verzinst und getilgt werden.

Zu einer Neueinschätzung des Konjunkturverlaufs geben repräsentative Vorlauf-Indikatoren Anlass. Die der zweiten Hälfte 2009 setzten eine Reihe von Volkswirtschaften zu einer konjunkturellen Erholung an, hier vor allem die amerikanische. Auffallend war das im vierten Quartal 2009. Die US-Wirtschaft erholte sich um rund 6 Prozent. Dabei ist aber mehr als die Hälfte auf die Lagerauffüllung zurückzuführen. Trotzdem ging man sowohl in den USA als auch in Europa von einer kräftigen Erholung für die Zukunft aus. Doch das erwies sich als voreilig, denn die maßgebenden Indikatoren wiesen im ersten Quartal 2010 nach unten.

Zutreffender ist das Bild einer gemischten konjunkturellen Entwicklung, bei der man die Prognosen ebenfalls nach unten korrigieren sollte. («Value Line» 26.2.2010) Das Bild der V-Formation kann man ad acta legen – es gibt keine konjunkturelle Erholung. Entsprechend rücken die L- und die W-Formation in den Mittelpunkt des Interesses. Im Laufe von 2010 wird sich zeigen, ob die langsame Erholung (L) sich fortsetzt oder ob es zu einer doppelten Rezession (W) kommt.

Weder die defizitären Staatsfinanzen noch die Finanzkrise werden durch konjunkturellen Rückenwind behoben werden können. Hier ist mit weiteren Abschreibungen bei rezessionsbedingten faulen Krediten zu rechnen. Dazu kommen die Krise bei den gewerblichen Immobilien und die Gefahr, die von den «toxischen» Anlagen her droht. Das sind aber nur einige der Probleme, die einer Lösung harren. Unter solchen Umständen müssen die Zinsen unten bleiben und die Wirtschaft und die Finanzindustrie im Besonderen weiter mit Liquidität von den Zentralbanken versorgt werden. Es ist nicht auszuschließen, dass sich zusätzliche staatliche Konjunkturprogramme als notwendig erweisen. Entsprechend werden die Staatsschulden nach oben getrieben.

Die Gefahren, die von den Staatsbankrotten auf Banken und Versicherungen ausgehen, werden noch nicht ernsthaft thematisiert. Beide (am meisten die Versicherungen) haben im hohen Maße Anleihen maroder und anderer finanzschwacher

Staaten in ihren Büchern. Dazu kommen kurzfristige Kredite, um finanzielle Engpässe im Jahreslauf zu überwinden. Zur Illustration ein einziges, aktuelles Beispiel: Griechische Staatsschulden finden sich in Höhe von 86 Milliarden Euro bei französischen, 60 Milliarden bei Schweizer und 44 Milliarden bei deutschen Banken. Das ist nicht einmal die Spitze des Eisbergs, denn Griechenland ist vom Volumen her ein kleiner von zahlreichen Schuldnern. Man muss kein Hellseher sein, um zu erkennen, dass von Seiten der zahlungsunfähigen Länder eine akute Banken- und Versicherungskrise droht. Sie wird Staaten und die Zentralbanken zwingen, sich erneut als Retter in der Not zu betätigen. Die Gefahr ist groß, dass sich beide übernehmen und das globale Desaster nicht mehr abwenden können.

9 Konsequenzen für Anleger

Die folgenden Ratschläge wenden sich primär an Personen mit kleineren und mittleren Vermögen, das sich nicht jenseits von mehreren Millionen Euro oder Schweizer Franken bewegt.

Vorab ist zu beherzigen: Nicht nur in Krisenzeiten ist es wichtig, über eine solide Ausbildung zu verfügen und flexibel auf Herausforderungen antworten zu können. Dazu ist es nützlich, mental und physisch fit zu sein und zu bleiben. Das gilt vor allem für Anleger, die aus dem Erwerbsleben ausgeschieden sind und als Rentnerinnen und Rentner ohne Erwerbseinkommen zurechtkommen müssen. Geld anlegen ist eine anspruchsvolle Aufgabe, die voraussetzt, dass man jederzeit über einen klaren Verstand verfügt und nicht von Existenzängsten getrieben wird. Es ist unverzichtbar, sich laufend und ohne Wunschdenken zu informieren. Das sollte möglichst aus unabhängigen Quellen erfolgen, wie zum Beispiel seriösen Börsenbriefen. Hüten Sie sich vor Beratern aller Art und lassen Sie sich nicht zu Anlagen überreden, die sich im Nachhinein oft als Fehlentscheide oder gar Flops herausstellen.

Bei Anlegern herrscht eine erstrangige Präferenz für Anlagen in Immobilien. Das sieht man herausragend bei Ländern, in denen Menschen schlechte Erfahrungen mit Inflation, Staatsbankrotten und Währungsreformen gemacht haben. Das ist zwar verständlich, aber Immobilien gewähren nicht jene Sicherheit, von der man im Allgemeinen ausgeht. Wenn man sich vorwiegend auf Immobilien festlegt, hat man es oftmals mit einem Klumpenrisiko zu tun, mit einer gefährlichen Konzentration an einem einzigen Ort. Zudem ist es vor allem in Krisenzeiten fast ausgeschlossen, eine Immobilie, wenn überhaupt, zu einem akzeptablen Preis zu verkaufen. Und schließlich sind Mietobjekte mit zusätzlichen Risiken verbunden. Mieter können ausfallen oder die Mieteinnahmen bleiben aus. Je nach den Regelungen im Mietrecht hat eine Räumungsklage nicht Aussicht auf Erfolg, mit dem Effekt, dass man sich mit «Gratis-Mietern» konfrontiert sieht. Und wenn es nicht möglich ist, wegziehende Mieter valabel zu ersetzen, riskiert man einen steigenden Leerstand. So etwas passiert schnell vor allem in wirtschaftlich schwachen Regionen, wo es Mangel an Arbeitsplätzen gibt. Man läuft also schnell Gefahr, mit einem Mietobjekt finanziell in die Minuszone zu geraten, und muss plötzlich Verluste mit laufenden Einnahmen und Veräußerung von anderen Vermögenswerten subventionieren. Verfügt man nicht dauerhaft über solche Quellen, so bleibt nichts anderes übrig, als Konkurs anzumelden.

Für unsere Anleger kommt also letztlich nur eine selbstbenutzte Immobilie in Frage. Vorrang hat ein freistehendes Haus mit Umschwung vor einem Reihenhaus. Eigentumswohnungen sind problematisch: Man befindet sich in einer Gemeinschaft von Miteigentümern, bei denen man nicht weiß, ob man mit ihnen auskommen wird. Und wenn man dann nicht wunschgemäß verkaufen kann, ist man auf Gedeih und Verderb den anderen Eigentümern ausgesetzt. Zudem ist eine Vermietung von Eigentumswohnungen meist ein schlechtes Geschäft; die laufenden Kosten erreichen nicht selten die Höhe der Mieteinnahmen.

Es ist weit verbreitet, nach der Devise «Inflation frisst Schulden» zu handeln. Entsprechend ist man bemüht, sich möglichst hoch zu verschulden, auch für ein Eigenheim. Doch wer so handelt, der ist über Gefahren, die ihm drohen, leider schlecht informiert. Zeiten von hoher und galoppierender Inflation zeichnen sich durch entsprechende Zinsen aus. Verfügt man nicht über die erforderlichen, indexgebundenen laufenden Einkommen, so kann es rasch eng werden, und man ist nicht mehr in der Lage, die Zinsen zu bezahlen und schon gar nicht Tilgungen vorzunehmen. Tritt die (persönliche) Zahlungsunfähigkeit ein, so werden Eigenheime, aber auch andere Objekte zwangsversteigert. Langer Rede kurzer Sinn: Wer sichergehen möchte, auch in normalen Zeiten, ist gut beraten, seine Schulden, vorrangig beim Eigenheim, so rasch wie nur möglich zu tilgen. Das erklärte Ziel ist: schuldenfrei zu werden und zu bleiben.

Als krisensichere Anlage gilt nicht erst heute physisches Gold. Es trifft zwar zu, dass Gold nicht pleite gehen kann und kein Totalverlust droht. Aber auch hier ist Aufklärung angezeigt. Gold sollte man nicht auf Metallkonten bei Banken einbuchen lassen. Es ist sinnvoll, es selbst, ganz real, zu besitzen, in einem Safe.

Damit sichert man sich zwar in gewissem Sinn gegen Wertzerfall ab, sollte sich aber keinen Illusionen über die Verwendbarkeit in Krisenzeiten hingeben. Wer damit beispielsweise Nahrungsmittelkäufe tätigen möchte, der hat, wenn überhaupt, nur dann eine Chance, wenn er über Unzen oder Goldmünzen verfügt. Doch damit nicht genug, in Krisenzeiten ist ein Verbot, Gold zu besitzen, keine Seltenheit. Man ist dann verpflichtet, Gold zu einem vom Staat fixierten Preis an diesen abzuliefern. Wer einer solchen Aufforderung nicht nachkommt, kann Gold erst aktivieren, wenn der Goldbesitz legalisiert wurde.

Gleichwohl kann man Gold zur Absicherung gegen Inflation und turbulente Zeiten empfehlen, allerdings nicht als alleinige Anlage, sondern als Depotbeimischung. Zu empfehlen ist eine Diversifizierung in physischem Gold und Aktien von großen Minengesellschaften, namentlich Barrick Gold, Goldcorp und Newmont Mining. Es ist anzunehmen, dass bei Goldminenaktien keine Verbote ausgesprochen und Konfiszierungen ausbleiben werden.

Anleger sind gut beraten, Währungen zu meiden, die sich in einem langfristigen Abwärtstrend befinden, wegen des Risikos von Währungsverlusten. Im Mittelpunkt steht der US-Dollar, hier sind Direktanlagen zu vermeiden. In Frage kommen nur indirekte Anlagen, so unter anderem in Gold, Silber und Rohstoffe wie Erdöl, Erdgas, Kupfer und andere NE-Metalle. Diese werden ausschließlich in Dollar gehandelt. Allerdings treibt ein sinkender Dollar ihre Preise in der Regel nach oben, was einen Ausgleich für Währungsverluste bietet.

Es gibt insbesondere bei Energieaktien ein ausreichendes Angebot an solchen, die direkt in Euro kotiert sind, so zum Beispiel jenes des globalen Erdölkonzerns Royal Dutch Shell. Wer in Bergbauaktien investieren möchte, für den kommen auch australische und kanadische Aktien in Frage, denn es handelt sich um zwei solide Währungen. Vorrang ist kanadischen Energieaktien einzuräumen. So weisen Encana und Suncor Energy das beste globale Reservenprofil auf. Darüber hinaus sollten sich Anleger in Deutschland, Österreich und der Schweiz auf Anlagen in Euro und zur Ergänzung in soliden Schweizer Franken beschränken.

Anlagen in Aktien sind ein schwieriges und gefährliches Feld für den Anleger. Die Devise «kaufen und halten» hat sich in Krisen und Crashs selbst überlebt. Wer in Aktien investieren möchte, der sollte eine konservative Quote von 30 Prozent nicht überschreiten. Er ist gut beraten, sich auf die allerbesten Aktien aus den Bereichen Edelmetalle, Energieproduzenten und -versorger, Nahrungsmittelproduzenten *(Food Processing)*, Pharma und Telekom zu konzentrieren. Solche Unternehmensaktien haben eine faire Chance, Krisen, Staatsbankrotte und Währungsreformen zu überleben und nicht wertlos zu werden.

Staatsanleihen sind bei Anlegern beliebt, die an laufenden Einkommen interessiert sind. Um hier Währungsverluste zu vermeiden, sollte man ausschließlich solche in heimischer Währung kaufen, und: In Frage kommt nur die beste Qualität, solche mit einem dreifachen A (AAA). Auch wenn die Diskussion über Sinn oder Unsinn von «Triple-A» inzwischen auch in den Medien geführt wird, ist die Wertung für Privatanleger immer noch von Bedeutung. Eine große Gefahr besteht in der «Renditefalle»: Anleger erwerben Anleihen mit optisch hohen Renditen, sind sich aber meist nicht darüber im Klaren, dass sie häufig Papiere von Schuldnern minderer Qualität erwerben und im Extremfall von solchen, die auf die Zahlungsunfähigkeit zusteuern. Kommt es, nicht nur in Krisenzeiten, zu einem Staatsbankrott und einer anschließenden Währungsreform, so werden Staatsanleihen wertlos, und man verliert alles.

Um nicht nur für normale Zeiten, sondern auch für Krisen,

Staatsbankrotte und Währungsreformen gewappnet zu sein, sollten sich Anleger also stets finanziell handlungsfähig halten. Dazu ist eine persönliche Finanzplanung über drei bis fünf Jahre unverzichtbar. Darin sind laufende Belastungen und voraussichtliche Einnahmen realistisch aufzulisten. Auf der Ausgabenseite geht es unter anderem um Schuldzinsen, Miete, Gebühren, Steuern, Ausbildung von Kindern, die Anschaffung dauerhafter Konsumgüter (zum Beispiel ein Auto) und den laufenden Lebensbedarf.

Aus einer solcher Finanzplanung resultiert der erforderliche Bedarf an laufender Liquidität. Verfügt man über überschüssige Liquidität, so hat die Tilgung von Schulden absolute Priorität. Anlagen sind erst danach, und konservativ, ins Auge zu fassen. Dabei ist die Regel zu beachten, dass man nur solches Geld investiert, bei dem man es sich leisten kann, es zu verlieren.

Liquidität hält man am besten in heimischer Währung. Man legt sie nicht in Geldmarktfonds an, sondern deponiert sie bei einer Bank, welche die beste Sicherheit zu bieten hat. Handelt es sich nicht um Mindestbeträge, so empfiehlt sich eine Verteilung auf mehrere Banken. Wenn auch das nicht ausreicht, um sich wohlzufühlen, dann bewahrt man Geld auch zu Hause an einem möglichst sicheren Ort auf.

Zum Schluss ein kleiner Trost: Bei einer Währungsreform geht Geld nicht ganz verloren; es wird in einem bestimmten Verhältnis in die neue Währung gewandelt. Dazu kommt in der Regel noch ein Startgeld für jedermann, damit die Wirtschaft wieder in Gang kommen kann.

10 Literatur

Brown, Ellen: Der Dollar Crash. Rottenburg, 2008.

Caesar, Rolf: Lastenausgleich, in: Staatslexikon, Bd. 3. Freiburg i. Br., 1995.

Domar, E. D.: The Burden of Debt and National Income, in: American Economic Review, Vol. 34 (1944).

Eichengreen, B. / Lindert, H.: The International Debt Crisis in Historical Perspective. Cambridge/Mass., 1989.

Europäische Währungsunion: Bilanz und Perspektiven, in: Orientierungen zur Wirtschafts- und Gesellschaftspolitik. Ludwig Erhard Stiftung e.V., Bonn, Juni 2009.

Europäische Währungsunion: Szenarien eines Austritts, in: Orientierungen zur Wirtschafts-und Gesellschaftspolitik, Ludwig Erhard Stiftung e.V., Bonn, März 2009.

Fischer, Stanley (u. a.): Modern Hyper- and High Inflations. IMF Working Paper. Washington D.C., 2003.

Großmann, Eugen: Finanzen und Währung, in: Handbuch der Finanzwissenschaft, Zweite Auflage, Bd. 1. Tübingen, 1952.

Häuser, K.: Abriss der geschichtlichen Entwicklung der öffentlichen Finanzwirtschaft, in: Handbuch der Finanzwissenschaft. 3. Auflage, Bd. 3. Tübingen, 1975.

Hannich, Günter: Staatsbankrott – Wann kommt die nächste Währungsreform? Rottenburg, 2006.

Hannich, Günter: Die kommende Euro-Katastrophe. München 2009.

International Monetary Fund: World Economic Outlook. October 2009.

Huntford, Roland: Wohlfahrtsdiktat, 3. Auflage, Frankfurt 1973.

International Monetary Fund: The State of Public Finances: Outlook and Medium-Term Policies after the 2008 Crisis. March 2009.

Kindleberger, Charles: Die Geschichte der Finanzkrisen dieser Welt: Manien, Paniken, Crashs. Kulmbach, 2001.

Landmann, Julius: Geschichte des öffentlichen Kredits, in: Handbuch der Finanzwissenschaft, 2. Auflage, Bd. 3. Tübingen, 1958.

Manes, A.: Staatsbankrotte, Wirtschaftliche und rechtliche Betrachtung, 3. Auflage. Berlin, 1922.

Marsh, David: Der Euro. Die geheime Geschichte der neuen Weltwährung. Hamburg, 2009.

Mayer, Th.: Geschichte der Finanzwirtschaft vom Mittelalter bis zum Ende des 18. Jahrhunderts, in: Handbuch der Finanzwissenschaft, Bd. I, 2. Auflage. Tübingen, 1952.

Müller, Dirk: Crashkurs-Weltwirtschaftskrise oder Jahrhundertchance. München, 2009.

Olson, Mancur: Aufstieg und Niedergang von Nationen. Tübingen, 1985.

Panzner, M.: Das kommende finanzielle Inferno. München, 2000.

Ramb, Thomas: Vor der nächsten Währungsreform. Die Deutschen Konservativen e.V. Hamburg (ohne Jahr).

Reinhart, Carmen/Rogoff, Kenneth: This Time is Different: A Panoramic View of Eight Centuries of Financial Crisis. National Bureau of Economic Research, Working Paper No. 13 882. Cambridge, Mass., 2008.

Reinhart, Carmen/Rogoff, Kenneth: The Forgotten History of Domestic Debt. National Bureau of Economic Research, Working Paper No. 13 946. Cambridge, Mass., 2008.

Sargent, Thomas: The End of Four Big Inflations. Federal Reserve Bank of Minneapolis, 1981.

Scherf, Harald: Inflation, in Handwörterbuch der Wirtschaftswissenschaft, Bd. 4. Stuttgart–Tübingen–Göttingen, 1978.

Wittmann, Walter: Der Steuerstaat. München, 1986.

Wittmann, Walter: Das globale Desaster. München, 1995.

Wittmann, Walter: Zwischen Markt und Staat. Der steinige Weg zur europäischen Einheit. München, 2001.

Wittmann, Walter: Der nächste Crash kommt bestimmt. Zürich, 2007.

Wittmann, Walter: Wie man erfolgreich investiert: Goldene Regeln für private Anleger. Zürich, 2008.

Wittmann, Walter: Finanzkrisen: Woher sie kommen, wohin sie führen, wie sie zu vermeiden sind. Zürich, 2009.

Spezielle Informationsquellen:

The Bank Credit Analyst, BCA Research, Montreal.

Finanzwoche: Internationale Konjunktur- und Aktienanalyse, München.

Gold & Money Intelligence. Bandulet Verlag, Bad Kissingen (Deutschland).

Zur Finanzwoche

Die *Finanzwoche* ist einer der ältesten deutschen Börsenbriefe. Sie erscheint seit 1974 in der *Finanzwoche* Verlagsgesellschaft für Anlageinformationen GmbH, die im gleichen Jahr vom heutigen geschäftsführenden Gesellschafter Dr. Jens Ehrhardt gegründet worden ist. In den folgenden Jahren übernahm der Verlag einige andere deutschsprachige Börsenbriefe, deren Historie zum Teil bis in das Jahr 1955 zurückreicht.

Die *Finanzwoche* ist spezialisiert auf volkswirtschaftliche Analysen und sorgfältige Einzelunternehmensanalysen. In ihre Veröffentlichungen fließen die Erfahrungen und das Wissen von Dr. Jens Ehrhardt ein. Er genießt als Vermögensverwalter, Fondsmanager und Herausgeber der *Finanzwoche* nunmehr seit knapp vier Jahrzehnten das Vertrauen privater und institutioneller Investoren. Die Anlageerfolge von Dr. Ehrhardt werden durch zahlreiche Spitzenplätze in Fondsstatistiken dokumentiert.

Geleitet wird die *Finanzwoche* von Chefredakteur Rüdiger Rentsch, der seine Leidenschaft für die Kapitalmärkte Ende der 80er Jahre entdeckte. Er arbeitete zuvor bei der Nachrichtenagentur Bloomberg und im Verlag Fuchsbriefe, wo er unter anderem als redaktioneller Leiter des Anlegerbriefes *Fuchs-Kapital* tätig war. Für die Analyse der Einzeltitel greift der Verlag zudem auf ein erfahrenes Team aus Betriebs- und Volkswirten zurück.

Die *Finanzwoche* hat in den zurückliegenden Jahren häufig frühzeitig auf zu erwartende volkswirtschaftliche Trends aufmerksam gemacht und dafür entsprechende Anlageempfehlungen und Verhaltensstrategien formuliert. So sagte die Redaktion bereits ab Anfang der 80er Jahre eine starke internationale Desinflation und spätere Deflation voraus. Entsprechend wurden wesentlich niedrigere Inflationsraten und Zinssätze prognostiziert.

Auch vor dem Crash im Jahr 1987 warnte der Börsenbrief und vor den Baissen 1990, 1992, 1994 und im Herbst 1998. In den Jahren 1999 und 2000, also kurz vor dem Platzen der Blase am Neuen Markt, riet die *Finanzwoche* zum Rückzug aus diesem Segment. Eine Spezialität der Redaktion ist es, die Chancen und Risiken der internationalen Börsen anhand zahlreicher Stimmungsindikatoren zu messen. Weder eine Bank noch eine andere deutsche Börsenpublikation verfügt über eine entsprechende Datensammlung. In zahlreichen Publikationen wurde die *Finanzwoche* als besonders erfolgreich beim allgemeinen Börsen-Market-Timing bezeichnet und für ihre fundierten volkswirtschaftlichen Analysen ausgezeichnet.